桜井章一
Shoichi Sakurai

二〇年間無敗の

雀鬼 老いてもなお吼える

建前だらけの社会をどう生きるか

まえがき

この本は私が縁のある数人にボールを投げたことからはじまった。互いにボールを投げ合いっこすることで本はつくられていった。

これまで出した本のほとんどは、私が出版社から投げられたボールを受け取ってはじまっている。その意味で今回の本は異色である。

私は自分から誰かにボールを投げて本を出そうとしたことは滅多になかったわけだが、それでもいろんなテーマで本という形になったのは、私が不特定多数の読者とキャッチボールをしたかったからだと思う。

人はなぜか、ボールを投げ合うキャッチボールという遊びに喜びを感じる。ボールを投げて、受け取ってという単純な動作の繰り返しに、なぜ喜びを覚えるのか、その理由ははっきりとはわからない。

ふだん我々が生活や仕事で行っている言葉のやりとりも、このキャッチボールと同じだ。何かの思いを言葉にして相手にボールを投げ、そのボールに対してまた別のボールが返ってくる。

そんな言葉のやりとりに、人間がいい難い喜びを感じるのは、おそらく人が共感をベースに協力し合って作業をしていくことで、社会を築いてきたからではないだろうか。そうであれば、キャッチボールをしたいという衝動や喜びは、本能に近いものだ。

もちろん、本の場合は、こちらが投げてボールがまともに返ってくるとは限らない。とんでもないクセ球や暴投気味の悪球が返ってくることもあるだろうし、無視されてとんと返ってこないこともあるだろう。

だが、それでこそいいのだ。

私が投げるボールをちゃんと受け取ってほしいと願うほど、私の考えは正しいんだという押しつけがましいものになっていく。でも、どんなによかれと思う考え方や意見でも、この世に「絶対」のものはない。

この本を通して私が投げるボールは、強さについて語ったボールもあれば、人間の本性や自然について語ったボールもある。ただ、いずれも「これからの時代をどう生きるか？」という話に最終的につながってくると思う。

こちらが投げるボールをどう受け取るかは、限りなく自由だ。どこまでもそんな気ままさで読んでいただければ幸いである。

桜井章一

目次

第2章　どんな生き方を選ぶか

第3章　人間の本性とどうつき合うか

第4章　ホンモノの強さを持てるか

第5章　自分の器をつくれるか

この本は生涯無敗の鬼仙人と
更年期障害の酔っぱらいオヤジという、
性格も生き方もまったく違う二人が、
何故か四〇年も共にした昔話からはじまる――。

桜井章一（さくらい・しょういち）

いわずと知れた「二〇年間無敗の雀鬼」。

相手が誰であろうと筋の通らないことは許さず、闘う覚悟を常に持った圧倒的な雀鬼の存在感とオーラは凄まじく、引退後とはいえ、ある作家は初対面のときに新聞紙を腹に入れ、さらしを巻いて会いに行ったという。（※このときに同席し一言も口をきかず、眠ったように下を向いていたのが、この本に登場する宇佐美氏である）

「義」を重んじ、自他共に厳しく…怖い…（宇佐美氏でさえ会うたびに緊張するという）雀鬼だが、反面、いいも悪いもすべてさらけ出し、決して上から目線にならず、常に自然体で、悪戯や遊びが大好きな少年の姿を齢八〇にしても持ち合わせる、スーパー∞翁。

いまだ隙はどこにもない。

本書に登場する宇佐美氏とは公私共に数え切れないほど旅をし、「俺にとって宇佐美以上に信頼のおける編集者はいない」と公言してはばからない。

宇佐美和徳（うさみ・かずのり）

元竹書房「近代麻雀」編集部のトップにしてドン。数年前に退職したが、かつては業界でも知る人ぞ知る名物編集者。

雀鬼の現役時代（『伝説の雀鬼』）を漫画にした『ショーイチ』のみならず、数々の麻雀劇画を世に送り出す。麻雀漫画の金字塔「哭きの竜（能條純一）」の編集者でもある。

常に飄々淡々としているが、「義」に厚い男。

雀鬼とは『一度会えばいい』と思っていたが、「仕事だけのつき合いはしない」と雀鬼にいわれ、以来四〇年近く共に遊ぶ…もとい過ごす。

酒をこよなく愛す。雀鬼流道場である「牌の音」で唯一、飲酒を許されている人物。退職した現在も、酒のつまみに雀鬼との長電話を楽しみにしている。

新宿にある雀鬼行きつけの店で、自分のボトルタグに「雀鬼・桜井章一」とサインを偽って、勝手に書いているのを、雀鬼本人は知らない。

桜「宇佐美、
お前いくつになったの？」
宇「六六？　六七？……六八です」
桜「お前もジジイになったな」
宇「はい。もうボロボロです」
桜「俺ももうすぐ死ぬからよ、
最後はお前とのつながりで本でもつくりたいな」
宇「えっ、いいんですか⁉」
桜「うん。お前と俺と、そこにつながってる奴らで
つくれたらいいよな」
宇「いいですね、つくりましょう！」
桜「そういって、またお前、どうせ酒飲んで、見てるだけなんだろ」
宇「会長、仕事は見えないところでするものです」
桜「ったく、お前は、いつもよくいうよ（笑）」

第1章

社会の圧を破れるか

桜井（以下桜）「久しぶりだな～お前とこうやって旅行に来るの」
宇佐美（以下宇）「はい、海はパラオ以来なんで、五年振りくらいです。あっ、そのあと伊豆では少しご一緒しましたけど……」
桜「おー、あったな。お前が二日酔いで気持ち悪いながら海に入ったのに、ゴーグルが曇って海の中が何にも見えなかったときな。俺がきれいな魚たちが集まるスポットに連れて行って見せてやろうとしたのに、気づいたらお前は陸に上がってバテてたときだろ⁉」
宇「そんなこともあったかな（笑）」
桜「でも、海もやっぱり昔とは違うよな」
宇「温暖化もかなり深刻な問題ですし、ありとあらゆる自然の秩序が狂ってますからね」
桜「全部、人間が悪いんだ……」
宇「便利と利用の末路ですね」
桜「便利と利用の先にあるのは『無』。だから自然は一度地球上のものをすべて壊そうとしているのかもしれない」

宇「う〜ん……」

桜「でも人間は懲りずに『狂』の世界から、ネット社会やバーチャルで『虚』の世界をつくっている」

宇「目に見えるものがすべての時代ですね」

桜「そう、怖いよな。人の心や気持ちはないがしろにされる時代だよ」

宇「先日も元部下から仕事のことで相談を受けましたが、見ているものが違う。『お前、そこじゃねえだろ！』というところばかりを気にして、大事なものが見えていない、わかっていないんだなと」

桜「そうなるよね。おそらく、人とのつながりや信頼、思いや心の持ち方を知らないんだろうね。そうじゃねぇんだよ……と俺なんかしょっちゅう思うよ」

宇「もう数十年前になると思いますが、会長がある映画監督にケンカを吹っかけられたときに、これも某有名な作家さんが仲裁しますといってきたことがあったじゃないですか」

桜「あぁIさんな。あの人は漢として一本筋の通った人だったよな」

宇「はい。でも、そのときに会長が『仲裁っていうのは目上や立場が上の者がやるから仲裁になるんだ』といってましたよね。あれも、形式だけでなく、目上の立場の人にわざわざ仲裁してもらうという、つまりその人の顔（立場）に免じて……ということですけど、それこそ目上（立場が上）の人の、目に見えない「気持ち」や「心」を汲んで和解をするということですよね」

桜「そう。それが海外だと契約になるだろ。つまり、日本にはそういう「心」を重んじる文化が元々あるんだ。

たとえばさ、この間新宿でお前と寿司屋へ行ったときに、寿司屋の大将から連絡を受けた近くの奴が俺に挨拶をしに来たじゃん。そのときのお前の顔ったらなかったよな。一丁前に『なんだ、お前、やるならやってやるぞ』って顔してよ（笑）。俺、笑いそうになったよ。ホンモノ相手に何やってんだと思ってよ（笑）」

宇「ちょっとその気になって（笑）」

桜「でもそれも、『気構え』だろ。自分の兄貴分や身内に何かがあればいつでもかかっていくっていう『心構え』。それを『義』ともいうんだろうけど、昔から日本では大事にされてきた。日本にある『義』と『情』というのは『心ありき』の文化なんだよ。そういうことの本当の意味をもっといまの人たちには知ってほしいし、感じてほしいね」

宇「そこにある、気分のよさを知らない人も多いでしょうね」

桜「なんでもビジネス、合理主義、損得勘定だからな」

宇「だからこそ仮想現実である『虚』の世界がつくれるのかもしれないです」

桜「『虚』の世界で都合のいいことだけを求めるなら、俺らの感覚も、体もいらねえよな」

宇「動物や生物の存在意義もひっくり返るかもしれません」

桜「でもよ、そのクセ『自己肯定感』だとか『承認欲求』だとか、目に見えないものを欲しがる、満たしたがるっていうのは何なんだよ」

宇「矛盾してますね（笑）」

桜「そうじゃねぇんだよ…っていう小さいことが、社会の至るところにあるからおかしいんだ。まあ、俺はもうすぐ死ぬから、そんなの知ったこっちゃねえけどな」

桜「ところで、お前、酒は飲めてるの？」

宇「はい（笑）」

桜「俺との電話でも、俺の話を酒の肴に飲んでやがるもんな（笑）。まあいいよ。そうやって楽しい、好きなことができているなら」

宇「いやー、会長と電話中の酒…これ以上旨い酒はないんです（笑）」

桜「俺、酒は飲まないから知らないけどさ、飯ってどんなに旨いものでも一人って旨くないし、嫌な奴と食べる飯も旨くないよな」

宇「酒も同じです！」

桜「そうだよな。俺なんか食べることが得意ではないから、なおさらそういうのは強く感じるよ。ウチにはさ、旨いものをみんなが送ってくれるじゃん。それを一人で食べたいなんて思わない。あいつに食わせてやりたいなとか、あの子に食べさせてあげたいなと思うから、みんなを呼んで食べるとか、道場に持ってきて食べるんだ」

宇「わかります」

桜「旨い酒が飲めててよかったね」

宇「はい！
昔、沖縄への旅行で台風が直撃するとニュースになって、行くか行かないか迷っていた旅行、あったじゃないですか」

桜「ああ、あったなそんなこと。でも結局行ったんだよな」

宇「はい。その旅行の海で、たった二つのおにぎりとたった二枚のたくあんを、会長と二人でけん制し合いながら食べたのを覚えてますか？」

桜「ああ、覚えてる、覚えてる（笑）あれ、うまかったよな（笑）」

宇「あのおにぎりは、自分の人生で一番うまかったです（笑）」

桜「あのときも行くのを迷ったけど、みんなで東のほうにそれるように台風を押そうっていってな」

宇「はい、冗談かと思ってやったら、本当に直撃を免れて、それてくれたんでしたよね（笑）」

桜「本当の強い意志っていうのは天候も変えるんだよ」

宇「そのときも会長はそうおっしゃってました。

いまＡＩの時代で、天候もさまざまな角度から予想できるかもしれませんが、天候を変えることはさすがにできないですよね（笑）」

桜「ただ中国なんかは天候操作をしようとしているよね。

ＡＩといえば…よく聞かれるのがさ……」

ＡＩに負ける人間に存在意義はあるのか？

いまは大きな変わり目にあたる時代だと思う。地球レベルでいえば、氷河期や温暖期など大きな変わり目は自然がつくるものだが、人間社会の大きな変わり目は急速に発達した科学技術がつくり出すようになった。

昨今は進化したＡＩが人間の存在を凌駕するのではないかとしきりに懸念されている。そんなに心配なら開発しなければいいのだが、そうできないのは人間の深い業としかいいようがない。

ＡＩの影響はどのような形で現われるのか。たとえば、将棋界においてもＡＩが台頭してきて、「棋士の存在意義」が問われている。

いま将棋界では藤井聡太君が飛ぶ鳥落とす勢いでタイトルを獲っているが、彼はＡＩを上手に使って、戦略を立てたり、鍛錬を積んでいる。

以前、羽生善治九段に「伝統の手筋とＡＩの両方を組み合わせたものはありますよね?」と聞いたら、羽生さんは「あります。いまの自分の立ち位置がそうです」と話されていた。羽生さんが選ぶ、手練れとしての道なのだろう。

羽生さんは、ただAIが与えてくれるさまざまな公式を並べて勝つことには納得していないのではなかろうか。複雑な手筋を徹底して研究し、磨き、それを駆使して勝負することに意味があったのに、簡単に答えの出てくるAIに勝っても意味などあるのかという思いがあるに違いない。AIに正面からぶつかっていけば負けてしまう棋士の存在意義が果たしてどこにあるのか、その答えを探し続けることが羽生さんのテーマになってきているのだと思う。

将棋界と同じように、もし麻雀界にAIが台頭してきたら、私は麻雀をやめるだろう。人間が持つ可能性をぶつけ合い、磨き、広げていくことにこそ勝負の醍醐味はある。だから、私はAIマシーンを相手に戦っても、そこに意味はないと感じる。

では、AIの時代に人間はどういう存在意義を示していけるのか。

このままＡＩの時代が進めば、人間の存在意義や可能性はない――私は常々いっているが「便利」と「利用」のつまるところは「無」だ。そこに気づかなければ人間の居場所はどんどんなくなっていき、破滅するだろう。

だが、ＡＩにはマネのできない人間ならではの領域は、あるにはある。たとえば、私がよくいう「感覚」がそうだ。ＡＩは論理的な計算では人間を圧倒するが、人が感覚を通してつながる「共感」や「表現」、あるいは計算を超えた偶然の「閃き」といったものはＡＩにはできないものだろう。

ＡＩが人間よりもできるものと、反対にできないもの。そこをしっかり見ていくことが、あらためて人間を再発見するきっかけになるのではないだろうか。

「虚」の世界に溺れない

最近は地球の様子がどうもおかしい。世界中で天候をはじめとする自然現象が異変続きだ。そのほとんどは地球温暖化現象によって引き起こされたものだという。

本来であれば何十年に一度というクラスの豪雨や大規模な洪水が毎年のように発生しているし、この前の夏は、日本が熱帯地域に移行しつつあることを感じさせる異常な暑さが続いた。

おかしなのは自然現象だけではない。生き物たちの行動も変だ。生態系のバランスが明らかに崩れかかっている。クジラやイルカが浅い湾に迷い入ってきたり、深海の珍しい生き物が陸に打ち上げられたり、熊などの山の生き物が人里まで下りて農作物を荒らしたりといったニュースも報じられる。

自然界がここまで狂ってしまったのは、人間世界の狂いが多分に影響を及ぼしていることは間違いない。

科学文明を猛烈な勢いで発達させ、資本主義を加速させたここ百年ほどの間に人間世界の「狂」はこの上なく高まった。だが、いまや「狂」すら超えて「虚」の時代になりつつあるのではないか。

そうなってしまったのはいうまでもなく、ネット社会の急激な広がりだ。

ネットが隅々まで浸透したことで、世界中があっという間に「虚」に覆われてしまった。それによって、どこからどこまでが「虚」なのか、「実」なのかがわかりにくい世界が生まれた。

ネット社会では、社会に対して不満や愚痴があれば、同じような感情の人とSNSを通じてお互い負の感情を共有できる。外に出なくてもバーチャルで人に会ったつもりになれる「仮想世界」もつくれる。みんながみんな仮の姿になっていき、仮であることがいまという時代のリアルだと思わせてしまう虚の世界に生きている。

虚の世界は一見、自由で快適だったりするが、蜘蛛の糸のように無限に張り巡らされ、いつの間にか簡単に引っかかってしまう怖さがある。

人間は共感する生き物だが、虚の世界はことに負の部分で強い共有や共感を生み出しやすい怖さを持っている。気がついたら虚が吐き出す蜘蛛の糸にからめとられ、がんじがらめになっている人も少なくないだろう。

人と人との交わりは実際に会って、話して、触れて、感じて、関わっていくのがいい。そうすることで情が湧くし、ときには魂を震わすような感動も生まれたりする。直に触れ合うのは面倒なことも少なくないが、生き物としては極めてまっとうなことだ。

「虚」に溺れず、「実」に生きる。人間らしい納得感のある生き方をするには、その感覚を忘れないことがますます強く求められるだろう。

人がモノになってしまったから、簡単に事件が起こる

近年、目を引く事件やトラブルといったものは、以前と質が変わってきているような気がする。人間の存在がどんどんモノになっている社会の風潮とそれは無縁ではない。人を徹底してモノ扱いすれば、当然酷い事件は起こる。

モノは堅いから、ぶつかると壊れる。それは人間関係でも一緒だ。人間関係が「モノの関係」になれば、モノは堅いからぶつかったときに壊れやすい。その壊れ

方が派手だと事件という形になって表れるわけだ。

フィリピンを拠点にした大がかりな振り込め詐欺・強盗殺人事件がひと頃世間を騒がせたが、この犯人たちは人をまったくモノ（金）としてしか見ていなかった。ルフィとか名乗っていた奴らは、自分たちが欲しいお金のために何の罪悪感もなく人を殺している。

耳目を集める犯罪事件の中には、逆に犯人のほうがモノ扱いされたことで、その反発となって起こったものもある。

たとえば、先に述べたフィリピンを拠点とする詐欺事件と、安倍元総理の襲撃事件は、私から見るとその向きが反対だ。

安倍元総理の襲撃事件は、安倍元総理のほうが山上徹也容疑者や彼の家族をモノとして見ていた。もっといえば宗教団体自体をモノ（金や票）として見ていただろうし、その宗教団体も信者やその家族をモノ（金）として見ている。こちらも一方の側には「モノの関係」がある。そうなれば社会的に弱いモノから壊れるのは当然だ。つまり、山上徹也容疑者のほうが被害者なのだ。

この事件が起きた直後、「もしこの山上容疑者が襲撃を決行する前、桜井会長に相談をしに来ていたら、どうアドバイスをしますか?」と雑誌のインタビューで聞かれた。

実際は、そのときになってみないとわからないが、容疑者の心情はよくわかるので、「二人でやるか?」というかもしれない。少なくとも、「安倍をやりたい気持ちはわかる。お前らの苦しみも半端じゃないだろう。気持ち的にも行動的にも味方するよ」とは伝えるだろう。

もし一人でやるというのなら、リスクはこちらが考えてやるかもしれない。だから、本音でいえばあの事件については『よくやった』と思っている。

犯罪といえば、麻薬がらみの事件も近年増えている。十把一絡に麻薬といってもいろいろな種類があり、文化や地域、時代によって社会が規制をかける対象は違っ

てくる。

たとえば、日本では現在違法の覚醒剤や大麻。覚醒剤は戦前ヒロポンと称して市販されていたし、大麻はアメリカやイギリスでは医療目的の使用において承認され、それ以外でも世界的に合法化の動きが広がっている。アルコールはイスラム圏ではれっきとした麻薬の扱いであり、イスラムの教義によって醸造、販売、飲酒のすべてが禁じられている。

長いつき合いのある元竹書房の編集長、宇佐美和徳君はお酒が生活と切り離せない。取材で雀鬼流道場に来たときでも、道場生がお茶のかわりにお酒を出すことがある。酔いがほどよく回った赤ら顔でお地蔵さんのように穏やかに座っている宇佐美君を見ているだけで、取材の場が和む。

彼はメーターが上がっても、平和で幸せな酒の飲み方を崩さないが、人によってはお酒を飲むと暴力的になる傾向の人もいる。

酒の力はすさまじい。酩酊してクルマを運転して事故を起こした者も、これまで数えきれないほどいる。酒で家庭をめちゃくちゃにした者もたくさんいる。飲みすぎれば体にも大きなダメージを与え、深刻な病にかかることも少なくない。

その意味では酒はドラッグであり、それもかなりハードなものといってもよい。

しかし、酒は国の大事な税収源であり、飲酒は合法だから、酒に酔って人の人生を台無しにするような行為をしても罪に問われないことはいくらでもある。ビールのきれいなコマーシャルを日常的に見ていたら、ハードドラッグといってもいい酒の本性は誰も気にかけないだろう。


そんなことを考えると、法律で違反されている麻薬をやるのはよくないことだが、麻薬でつかまった芸能人がマスコミや世間から極悪人のように吊し上げられるのは行きすぎの感もある。誰にも迷惑をかけることなく酒と同じように一人で静かに嗜むこともあるだろうし、薬物の場合、法に違反していることがそのまま人間の本源的な罪深さと一致していない。

最近、日大のアメフト部の学生が大麻取締法違反で捕まった際、マスコミは本人の顔写真まで出してニュースを報じていた。彼の今後の人生を考えると明らかにやりすぎである。

人をモノ扱いして人の人生を平気で壊すような政治家や宗教団体が罪に問われなかったりすることを思えば、法律は人が犯す根本的な罪を問えるものではないことがよくわかる。法律で裁かれなくても、罪を犯している人間はこの世にごまんといるのである。

人はダマし、ダマされることで生きている

年をとって体のあちらこちらに不調を抱えている人が、「ダマしダマし生きてますよ」なんていっているのを耳にすることがある。

私はそんな言葉を聞くと、あらためて人間というのはダマすことを本能としている生き物なんだなと感じる。もちろん、自分をダマすだけでなく、他人もダマすという意味合いにおいてだ。

ダマすというと聞こえは悪いが、それは人間が生き延びるためにとった戦略だろ

う。一言でダマすといっても、その内容には幅がある。

①詐欺師のように確信を持って人をダマし、自分の利益を得るというダマし
②犯罪ではないが、物事を多少誇張して伝えたり、心にもないことをいって自分に都合よく相手を誘導するというダマし
③相手を喜ばしたり励ましたり、あるいは傷つけたり悲しませたりしないために嘘をつくダマし
④内容のよし悪しは別として、幻想、誤解や錯覚を生むダマし

経済至上主義のこの世の中で目につくのは、①と②のダマしである。仕事などは②のダマしを日常的に使っている。結婚なんかだと①と②が半々くらいあるのかもしれない。

東大生の人気就職先の一番は、なんといっても外資系金融とコンサル会社だそうだ。その理由は簡単にいえば、金（給料）がよくて体裁も悪くないからだろう。し

かし、どちらもいってみれば虚業である。機械や自動車などのモノをつくる実業と違って実体がない。虚業ということはダマしの要素も強くなる。

銀行なんて格好をつけても、所詮はただの金貸しにすぎない。ついでにいうと昔から給料がいいことで人気のある保険会社なんかも、誠実そうな顔をしてテレビCMを盛んに流しているが、保険なんてえげつない詐欺のような商売である。銀行や証券会社は素人には理解しにくい複雑な金融商品を次から次へとつくるが、こんなものはかつてリーマンショックの引き金になったことからもわかるように人を博打に巻き込むような詐欺商品のオンパレードである。

コンサルなんて仕事も詐欺である。ある人気作家がかつて代表を務めていた著名なコンサル会社の実力を記者が調べたら、コンサルを受けることで業績が回復したり、伸びたという企業は全体の二割にも満たなかったという。わざわざコンサルに相談しなくても、自力で必死に工夫すればそれなりに業績は上向くだろうから、二割を切る打率の仕事はもはや仕事とはいえないただの詐欺ではないか。
最近はこんな話も耳にした。コロナ禍による事業支援金の給付を求めて多くの中小企業が申請をしているというが、その審査がきびしいこともあって、多くの会社がコンサル会社に相談をしているらしい。地方の経営が行きづまった零細企業から何百万円もとって、コンサル会社のすることといえば見栄えのいい企画書をつくるだけ。結果的に申請も通らず、その後のフォローはないがしろにされるケースが少なくないという。回復の見込みの薄い会社を上手に口車に乗せて金だけふんだくっている様は詐欺行為に近い。コンサルは儲かるというので次から次と会社ができているらしい。

そもそもこうすれば経営はうまくいきますよというノウハウやコツを知っているというなら、コンサルをやっている連中自身が自分たちで何か商売をはじめればいいだろう。それだけ経営のことがよくわかっているというなら、商売はどんどん拡張するはずである。だが、自ら商売をしようとするコンサルの専門家は実際あまりいない。そのことがすでにコンサルという仕事が怪しいものであることを証している。

日本でもっとも勉強ができる連中が、このような詐欺に近い仕事を望むというのは、いまの経済社会の在り方をどこか象徴しているのだろう。この社会全体が「虚」でできたダマしの社会にすでになっているといってもいいのかもしれない。

純粋な感覚だけはダマさない

担当している編集者に「お前にはこれまで長い間ダマされ、本を出してきたな」と半ば冗談でいったら、「ぼくも会長にダマされてきたのかもしれません（笑）」と返ってきた。こちらのダマしはさしずめ、前項で挙げた④の錯覚や幻想を与えるというダマしといったところか。

実は④のダマしは、言葉を使って生きる人間の本質を表していると思う。人は言葉を使うことで、ものを考え、社会をつくり、文明を発達させてきた。

だが言葉というものは増えれば増えるほど、使えば使うほど、人の錯覚や幻想を大きくするのだと思う。私はいまは「虚」の時代だと感じているが、ダマしが極まった状態が「虚」ということなのだろう。

先天的に盲目の人が手術によって突然眼が見えるようになっても、健常者が見ているようには世界は見えないそうだ。視界に入るものすべてはぼわっとして、椅子を見ても椅子とわからず、時計を見ても時計とわからない。椅子という言葉と実際の椅子、時計という言葉と実際の時計が対応していることを学習してはじめて、椅子や時計の輪郭が浮かび上がって認識できるようになるという。言葉を覚える前の乳幼児も同じように、世界の見え方は一つひとつのものがはっきり分かれておらず、ぼわっとした感じで見えているらしい。「見る」という体の機能を使った行為も、人間にとって言葉を使った学習なわけだ。

つまり、人は言葉によって世界を分けて認識している。そして、言葉を持たない自然界の生き物は、おそらく自分の体で世界を分けて認識しているのだろう。

言葉はあるものを指すが、そのもの自体ではない。言葉は目の前にないものを出現させるマジックのような力を持っている。言葉はあくまでものに与えられた仮のラベルにすぎない。だから、言葉ともの自体の間には、無限に欲望や幻想が生まれてくる。

言葉はいくらでも自在に現実を生み出していくことができるから、言葉を持つことで人は自由になっていると思うかもしれない。だがそれ自体、錯覚だ。言葉は人の思考や行動を抑える規範に必ずなる。だからこそ、言葉を突き抜けたいという衝動を人は一方でまた持つのだろう。

科学文明に支えられた社会の問題は、科学が客観的な真理を担保しているという誤解にあるように思う。言葉から生まれた科学は、自然を分けて扱うことで、制圧し、利用しようとする。

だが、自然の本体は、常に変化し、森羅万象すべてのものとつながっている。それは本来、言葉や数式では表すことはできない。自然を言葉＝科学を用いて分けるということは、自然の本体を切り離すことだ。

人間が、自然からどんどん離れ、自然に取り返しのつかない迷惑をかけているのは、言葉を通して世界と接する人間が持つ宿命のようなものなのかもしれない。

言葉を持った人間はみな、半分幻想の海に半身を沈めて生きているようなものだ。社会が今後さらに複雑になり、それと同様に人間関係も複雑になれば、ダマしの要素はその分、ぐんと増え、欲望を伴った錯覚や幻想はますます膨らんでいくことだろう。

だが、唯一私をダマさないものがある。それは、感覚だ。感覚といっても、そこに感情や思考など雑多なものが混じってはダメだ。人間が言葉によって世界を分ける以前に持っている感覚でなくてはいけない。人間がこうした感覚をベースにもって社会をつくれば、いまとはきっと違う社会になっているだろうという感覚である。いわば本能の深くに根差す純粋な感覚である。

その感覚だけは、生きている世界に素で触れる確かさがある。

それだけは私は信じている。

同調圧力の力に巻き込まれるな

日本社会の特徴を表すものとして、「同調圧力」という言葉を昨今よく耳にする。同調圧力が強いのは、つまるところ、日本全体がムラ社会だからだ。どんなに都会的な生活をしていようと、ネットで好き放題なことを書こうと、心の根っこはムラ人なのかもしれない。

ムラ社会では、「世間」が圧倒的に強い力を持っている。多くの日本人にとって、価値判断のものさしは世間様なのだろう。

コロナ禍でマスクは義務だと誰が命じたわけでもないのにみんなマスクをしたり、ジャニーズ事務所の性被害問題が国際機関から公式に批判されるや、それまでみんな口をつぐんでいたのを一斉に同じように批判をはじめるのも同調圧力の力だ。

ジャニーズのタレントを広告で使っていた企業が次々と起用を取り止めるのも、周りを忖度して自分たちの立ち位置を決めるムラの同調圧力といえる。

みんなが白といえば、内心黒と思っていても白といってしまう。自分の意見をいうときは、周りを見て人から後ろ指を指されない言葉を慎重に選ぶ。

私は、そんな同調圧力とは、まったく無関係に生きてきたし、世間の常識などとはあまり縁のない生き方をしてきた。それこそ麻雀の代打ち稼業なんて世間はまともな仕事として見やしないだろうが、私はそんなものは意識したこともなかった。ただ当時は麻雀の勝負が好きでその道を選んだまでだ。

コロナ禍ではソーシャルディスタンスの重要性がしきりにいわれたが、雀鬼会の道場ではそんなものはおかまいなく、ノーマスクでみんな相撲をとっていた。世間でよしとされるさまざまな価値観に対しても、それらとはむしろ反対側のものに値打ちを認める生き方をずっとしてきている。桜井章一として生まれてきたのに、わざわざなんで他人の価値基準で生きなきゃいけないのかということだ。

世間のものさしに従い、同調圧力に屈する生き方をしている人は、自分の素を生きていない。それでは、北朝鮮の人たちとたいして変わりない。北朝鮮の人を馬鹿にしたり、笑ったりしても、根っこは同じじゃないかといいたくなる。

ときには無礼になる

以前、出版でお世話になった人の退職記念パーティーに呼ばれたときのことだ。贅沢にしつらえられた会場スペースは、華やかに着飾った二〇〇人ほどの招待客で埋まり、大皿に盛りつけられた豪勢な料理の数々が卓の上にずらりと並べられていた。

私は指名を受け、スピーチをすることになっていた。こういう場所が大の苦手な私はスピーチがすめば、とっとと退席するつもりでいた。だが、なかなか順番が来ない。

ハードボイルドな雰囲気を売りにした作家、エッセイを売りものにする女性司会者、有名料理店のシェフ、ホストに世話になった人たちが次々とスピーチをする。聞いていると、たいていホストが美食家であり、案内してもらったお店がとても美味しかった……みたいな話をしている。

そんな上っ面な話を聞いても退屈なだけだし、食欲も一向にわかない。いい加減しびれを切らし、スピーチを遠慮して帰ろうとしたそのとき、ようやく順番が来た。

私は最初にホストの優秀な仕事ぶりを褒め、続けてこう喋った。

「みなさん、ホストに連れていってもらったお店が美味しいとかおっしゃってましたが、私が幾度か招待してもらった店はいずれも美味しくはなかった。加えて、今日、ここに並んでいる料理もちっとも美味くない……」。

会場は一瞬凍りつき、唖然とした空気になった。この人、一体何なんだ？　とんでもなく失礼なことを喋っているのではないか？　信じられない……、そんな声なき声が聞こえてくるようだった。だが、そんなことは知ったことじゃない。たまったものが遠慮なく出てしまったのだ。

もっとも、ホストはあとで「さすが、桜井さん、あの場所であんなことをいうとはすごいよ」と笑い顔でいっていたらしい。何人かの人にとってはこの上ない宴会の余興になっていたわけだ。

私は社交辞令というものをそもそもいわない。「豚もおだてりゃ木に登る」というい方があるが、社交辞令をいわれて喜ぶような豚にはなりたくない。このパーティーでの出来事は、社交辞令という言葉を辞書に持っていない男にスピーチをさせるとこういうことになるという格好の見本になっただろう。

そのまま会場をあとにした私は同行の編集者と一緒に新宿に向かい、馴染みの煤けたラーメン屋に入って麺を啜った。口直しである。

私が社交辞令をいわないのは、人はなるべく「本音」でつき合ったほうがいいと思っているからだ。

本音をいうと嫌われると思って、建前ばかり話をする人も少なくないが、建前ばかりだと人間というより、ロボットと接しているような気分になってくる。相手に対する本音が嫌なものばかりであれば、つき合わなければいい話だ。

ここはちょっとどうなの？という本音があっても、一方でこんなところはいいなという本音があれば、それをうまく混ぜて使うと、味のあるいいつき合いになるはずだ。

空気を読むことを常に求められる同調圧力の強い社会は、なかなか本音をさらけ出すことができない。だからなおさら社交辞令の類が増えるのだ。同調圧力を弱くするには、本音で喋る、本音でつき合うといった姿勢をもっと大事にする必要があるだろう。

大きなものに巻き込まれない

人間は、自分がつくったものを大きくする、広げる、増やすといった欲望を強く持っている。会社をつくれば大きくする。国をつくれば国の領土を広げる。権力を持てばさらにそれを大きくする。お金を持てばそれを増やす。流行が生まれるともっと広げる。

大きくなり、広がり、増えれば、それは世の中においてメジャーなものになる。私はそんなメジャーなものに対する志向がほとんどない。むしろ徹底したマイナー志向だ。

何より関わってきた麻雀がマイナーそのものだし、生き方もメジャーなものとは一線を画してきた。権力、金、常識、人気など、大きなもの、権力のあるもの、影響力の強いものは、人を巻き込む力が強いから、取り込まれないよう気をつけて生きてきたのだ。

マイナーとは、素の個人であり、力のない小さなものである。代打ち稼業をやっていた頃は、それこそメジャーな力を背景にした人間としょっちゅう接していた。政治家や財界人、成り上がりの大資産家といった連中の代わりに麻雀を打ったことも数多《あまた》ある。

だが、それはメジャーな力に屈したり、媚びたりしたわけではない。ただ、純粋にヒリヒリと身を切るような勝負の場に自分を置きたかっただけだ。私が勝ち続けてこられたのは、常にマイナー感覚を芯に持っていたからだろう。メジャーに対する憧れのようなものが微塵でも混じることがあれば、勝負師としての命は途中できっと消えていたに違いない。

メジャー志向になることを私自身は否定するが、人間が持つ何かを大きくしたり、広げたり、増やしたりする欲望そのものは否定できない。なぜなら、生物とはそもそも増え、広がることが宿命づけられているものだからだ。

自分の遺伝子を残すことが生物の最大の使命であるなら、生物はできるだけ増えなくてはならない。ただ増えるだけでは変化に対応できなくなるから、突然変異が生まれることでまた新たな変化に適応していく。つまり、増えることは生物の進化にとって絶対的に必要なことのはずだ。

だから、人が大きくしたり、広げたり、増やしたりするのは、生物の本能にくっついた行為に違いない。メジャーを求める力が非常に強いのは、それゆえなのだろう。

だが、生物にとって同じような個体が増えすぎることは、食糧がなくなったり、多様性がなくなることでウイルスに感染して滅びる危険もある。だからこそ、突然変異のようなマイナーな振る舞いが必要なわけだ。もっとも、人間がマイナー志向を持つことは、個人に還元される大事な意味を強く持っている。メジャーを求めることが本能に近いからといって、本能に従う必要はなにもない。

モノや資本を増やし、人間の生活圏を広げすぎたことで、人の社会も危険水域に入ってしまった。そんな滅亡のような危機を招かないためにもマイナー志向は必要だが、メジャーの圧倒的な力に持っていかれてしまっては、何よりも人は「自分の人生」を生きることができない。

素の自分を等身大でとらえるマイナー感覚。それだけは決して失ってはいけないものだ。

自己承認欲求には大きな落とし穴がある

以前、大手寿司チェーン店で醤油差しの注ぎ口をペロペロ舐めたり、レーン上の寿司に唾をつけたりするところを動画におさめ、ＳＮＳで発信した少年がマスメディアで報道され、世間から強く叩かれた。

これと似たようなことをする者は、他にもたくさんいて、彼らはみな世間から激しく非難され、迷惑をかけた企業からは高額の損害賠償請求を求められるなど、結果的には散々な目にあっている。

昨今、自分を認めてほしいという「自己承認欲求」という言葉をよく耳にするが、彼らがこうした行為を行ったのも、強い自己承認欲求からきたものに違いない。

恐いのは、ネットが自己承認欲求を一時にせよ、手軽に充たしてくれるものになっていることだ。だが、ネットにおける自己承認欲求の表現は下手をすれば、予想をはるかに越えるような非難となって戻ってくる。

自分のことを認めてほしい、もっと見てほしい、もっと評価してほしい。SNSにはそんな欲求をどんどん強くさせる機能がある。

だが、それはちょっとしたことで反転し、「自己抹殺」の刃となって返って来る恐さがあることをよく知っておかないといけない。

あの少年は未成年ということで、その損害賠償は親が担う。自分のせいで親が頭を下げ、社会的な制裁を受け、家族が途方に暮れる様は苦しい現実だろう。だが、私は親が払って当然とは思わない。私はあの少年自身が自ら償い、人生を学べる環境を与えてやることもまた、一つの教育の在り方ではなかろうかと思う。

そもそも自己承認を日々求めているような人は、なぜそうなのか。その問いを自分に向けるべきだろう。自己承認欲求が強く、常に満たされない人は、自分の内側に大きな空洞を持っている。だが、自分で埋められないから、他人の評価でそれを埋めようとするのだ。

無差別殺人なんかは、その空洞が途方もなく大きく歪《いびつ》になってしまった果てに起きる最悪の形態といえる。

芸能人なんかは、自己承認欲求が強いタイプが多そうだが、才能や技術からくる自信、あるいは周囲の人間関係による支えなど、人気の浮沈にあまり影響を受けない術を身につけている人も少なくないのだろう。

自分の中の空洞をどう埋めるか。他人の目を借りてくるのではなく、自分の手で埋める。その工夫をいかにするかが何よりも大事なことだろう。

自己肯定感を上げる、ある習慣

なんでも日本人は自己肯定感が低いらしい。先進諸国の若者の意識を調査した統計によると、日本人は自己肯定感に関する項目で際立って低いという結果が出ていると聞いた。

若者だけ自己肯定感が低くて、中高年は高いなんてことは、受けた教育は多少違っても同じ社会にいるのだから、まずない。中年も高齢者も日本人は総じて自己肯定感が低いのだろう。その証拠に昨今は、自己肯定感をテーマとした本が幅広い世代に売れているらしい。

日本人の自己肯定感の低さの理由の一番は、世間など周りの目を意識しすぎる生き方からきているのだろう。

周りを意識するということは、絶えず誰かと自分を比べているということでもある。日本人は横並び意識が強いから、組織や集団の中では空気を読んでおかしな目立ち方をしないように気をつけるが、内心ではあの人に勝たなくてはとか、成功して評価をされたいといった気持ちを強く持っていたりする。

つまり、みな他人と自分をいつも比べて生きているのだ。その傾向が強いので、自分の価値尺度でなく、世間や他人の価値尺度で生きることにもなっている。人の価値尺度で生きれば、不安定だし、いつまでたっても自信を持つことはできない。

そして、常に誰かと比較していれば、必ず自分より上にくる人間がいる。そんな人と比べると、自分はダメだとか、才能がないとなって自己評価が下がってしまう。

日本人の自己肯定感が低いのは、そんな比較を常にし、かつ世間などの価値尺度に依った生き方をしているからだろう。

ネットの世界はさらに、人と自分を比較するという行為に拍車をかけている。こんないい暮らしをしている、こんなにたくさんお金を稼いでいる、こんな立派な学歴を持っている……それに比べて、自分は？　となる人もたくさんいるだろう。

そして自己肯定感が低いほど、自分より下と見る人間を激しく叩いて、安心感を得たりする。

このように自己肯定感が低くなる理由を見ていけば、ではどうすれば少しでも高くすることができるか、その道筋がおのずと見えてくる。

人と比較しすぎてそうなるなら、比べるのをなるべくやめればいいのだ。他人の価値尺度に依りすぎているのなら、自分だけのものさしをしっかり持つようにすればいい。自分には自分しかできない生き方がある。納得感を持って生きることができれば、それ以上何もいうことはない。そう思って生きればいい。

誰に文句をいわれる筋合いもない。すべての人に理解してもらうことは無理だし、必要もない。

もっとも比べるということを無意識の習慣のようにしている人は、比べるのをやめるといっても、簡単にはできないかもしれない。

そんな人は、仕事にしても遊びにしても、目の前のことに没入するという習慣をつけていくといい。いつも「いま」を充実させて生きていけば、周りのことは目に入らないし、多少入ってこようともさほど気にならなくなる。

自己肯定感をいきなり上げることはむずかしいかもしれないが、少なくとも不必要に下げないためには、生きる姿勢をちょっと工夫するだけで効果はあると思う。

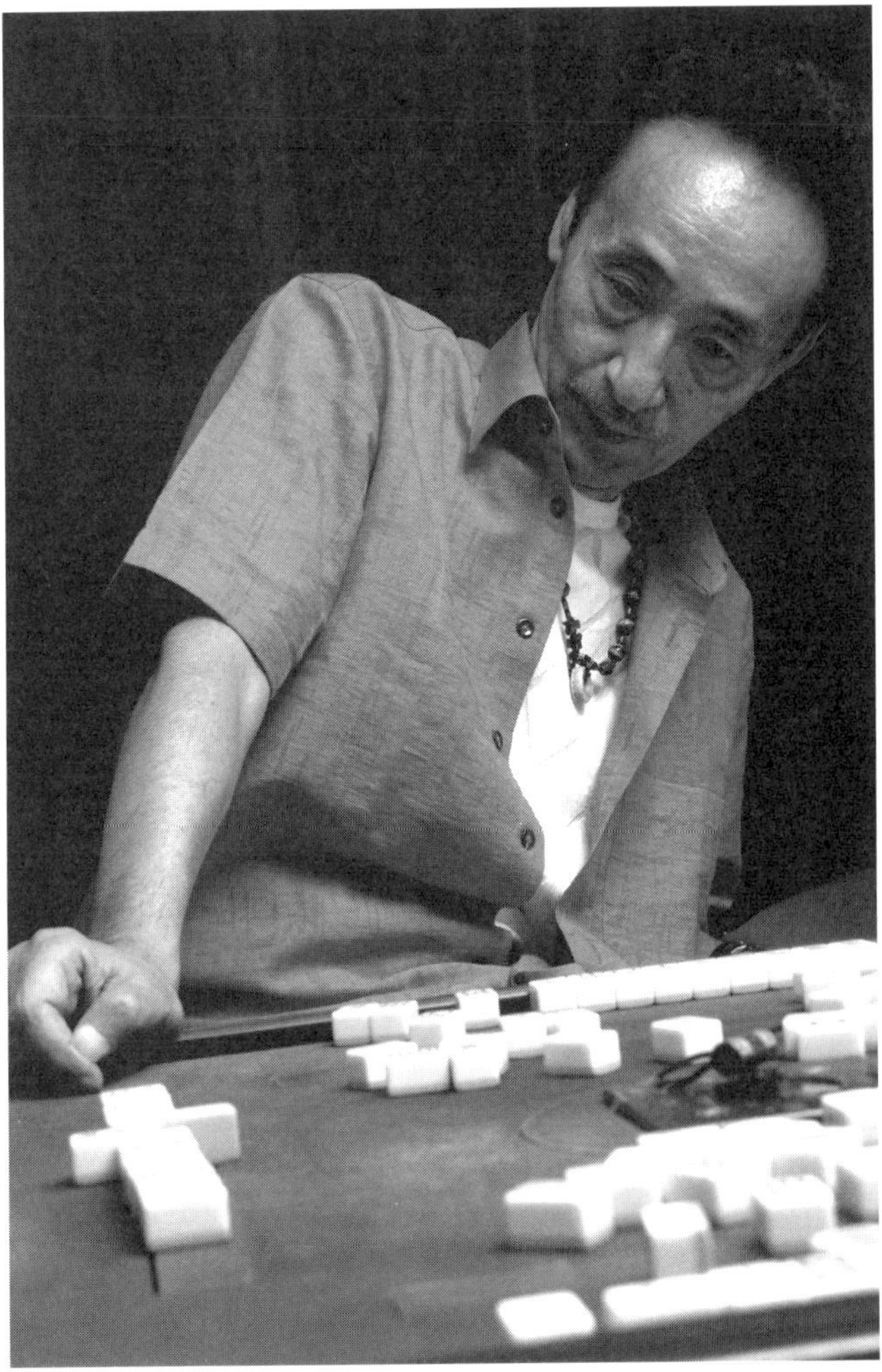

第2章

どんな生き方を選ぶか

宇佐美（以下宇）「そういえば会長、死ぬ前に一つお聞きしておきたいことがあるんですけど……」
桜井（以下桜）「（笑）なんだよ」
宇「二、三〇年前に会長のお知り合いで、自分がお会いしたAさんは最初どうやって知り合ったんですか？」
桜「知り合いの知り合いに紹介されたのかな。何、お前、タイプ？」
宇「はい、ずっと気になっていました（笑）。なかなかあそこまで本物の色気がある方は珍しいんで」
桜「…いないよね。色気っていうのは、男も女も所作からにじみ出てくるものだからな」
宇「はい、会長のことを『あの方』と呼ぶんですよ。互いに敬愛し合う絶妙な距離感、そこがまた控えめで艶っぽくていいんです」
桜「お前にしてはいい目の付け所だね」
宇「はい、いつかお聞きしたいなと思ってまして……いつのまにか数十年経ってし桜「死ぬ前になまいました（笑）」

（笑）」

桜「なんだ？ 落ち着かないな、クソ？」

宇「いえ。いまは大丈夫ですけど、最近トイレが近いんで、近くにあるかなと（笑）」

桜「いいじゃねぇか、その辺ですりゃあ。トイレといえば、昔、南国の離島へ二人で行ったときに、誰もいないビーチでお前『ウンコしたい』って急にいったんだよな…それで俺が……」

桜「おーい、宇佐美。ほら、便所つくってやったからここでしろ」

宇「おっ、会長、穴の大きさといい、足場といい、この目隠しの岩といい、これはいいですね」

桜「終わったらちゃんと埋めて来いよ」

宇「はい！」

宇「あのときはありがとうございました。会長」

桜「お前は最初からそういうところ、平気だったよな」

宇「……？……」

桜「ホテルなんかの便所に入っててもドアを開けっぱなしで入るしよ。そこで俺が洗面所を使おうとしても、平気でずっと便器に座ってるしな」

宇「失礼ですよね（笑）」

桜「本来なら無礼者だよな。でも、俺に対して『素』を見せているその姿に、俺は嘘がないと感じたんだよ。だってそうだろ⁉　便所に座ってる姿って無防備そのものじゃん。俺に隠してもしようがないという感じが見えたんだよな」

宇「隙だらけですね（笑）」

桜「そんなことがあって数十年か、いろいろなところへ行っていろいろなことがあったけど、おもしろかったよな」

宇「はい。フィジーで南の孤島に船で渡されたあと、二人きりで置き去りにされて遭難しかけたときでさえも楽しかったですよね」

桜「あれは楽しかったよな。一周二〇〇メートルくらいの島で周りは珊瑚だらけでよ。ちょっと泳ぐかと一周回って、海から出てきたら、浅瀬の海でさ、お前は腹が出てるから、珊瑚で腹が血だらけになってな（笑）それから、二人で貝殻集めて『会長、桜貝がありましたよー』とか言ってさ（笑）。水もないし、食い物もないところで、完全に忘れられてよ。

俺が本島まで泳いで、迎えを呼ぼうとしたときに偶然カヌーが通って、彼らに俺らのことを本島に知らせてもらって、助かったんだよな」

宇「空を飛んでる飛行機に二人して手も振りましたよね（笑）。

あれも普通に考えたらかなり危ない状況ですけど、不思議と不安は一切なかったんですよね」

桜「俺はいつでもお前だけは助けようと思っていたからね。海でサメに遭遇したときもお前がどこにいるか探して……。お前は一人で、もうすでに岩の上にいて手を振ってたけどよ。激流でカヌーがひっくり返ったときもお前をカヌーにつかまらせて、俺が泳いで後追いかけてな。そのときも、お前、こっち見て笑ってたよな（笑）。助けてもらっておきながら、必死に泳いでる俺を見て笑ってるってどういうことだよ。俺もそれ見たら笑っちゃってさ、水飲んで苦しかったんだよ（笑）」

宇「会長はいつでも大丈夫なんで、『がんばれ』という思いを込めて（笑）」

桜「何いってんだよ（笑）。でも、どれも冒険しているような楽しさがあったよな」

宇「はい（笑）。会長といるときはいつでも楽しいですし、会長が状況判断を間違ったところも自分は見たことないんで、旅行に行ってどんなトラブルに巻き込まれたとしても不安に思ったことは一度もないですね。ただ仕事だけを闇雲にしていたら、自分はもっとイヤな大人だったり、業界の悪い慣習に染まった編集者になっていたと思います」

桜「そうかもな。業界だけじゃなくて、社会全体が誤魔化しの多い、『本音』のない社会だからな」

宇「……。社会を意識すると、どうしても建前が存在するんで……」
桜「そういうことだよ。『本音』と『建前』があるけれども、みんな『本音』で生きないから悩むんだ」
宇「会長がいつもおっしゃる『素直』と『勇気』が大事だということですね。大人になるとなかなか難しいですけど……」
桜「その『素直』のほうをわからない人が多いんだろうな」
宇「社会全体がカオスなんで……」
桜「社会にはいつでも問題があるからな」
宇「問題がないときのほうがないですね（笑）」
桜「そう。だから普段から社会や建前に流されない心の持ち方が大事だよな」
宇「最近は『コスパ』『タイパ』がいいものを求めてる世の中なんで、本音も合理化に流されていくんじゃないですかね（笑）」
桜「そうじゃねぇだろ……本当の意味でのタイパっていうのはさ……」

タイパで生きるな

最近の若い世代は映画やドラマを二倍速で観たり、書籍なんかでも要約したものを聞いたり読んだりと、「タイムパフォーマンス」通称「タイパ」が高いことを求めているらしい。

経済中心で効率や合理性が強く求められる社会だから、仕事以外のものに対してもタイパ感覚になっていくのは世の流れだろう。

ものごとを無駄なく効率的にすること自体は悪いことではない。だが、それはすべてのことにおいてそうだとはならない。タイパ感覚でいったほうがいいものと、そうでないものはしっかり区別したほうがいいと思う。

たとえば、タイパ重視の人にとっては、映画や小説は情報でしかない。映画や小説には物語が持っている流れやリズムがある。だが、タイパ感覚で観たり、読んだりしていると、流れやリズムから生まれる味わいはごっそり抜け落ちる。

映画や小説におけるリズムや間合い、流れといったものは、そのまま現実を生きていく上で必要なリズムや流れに通じる。何でもタイパがいいと思い込んでいる人には、そのことは想像できないだろう。

いまどきの教育なんかもまさにタイパ感覚重視だ。情報や知識を子どもたちの頭に入れられるだけ入れ、生産性の高い経済的で合理的な人生を送るためのシステムを教えている。

でも、本当に必要な教育は「生きる力」を身につけることだ。「生きる力」とは「生活力」。生活で必要なものは「知識」よりも「知恵」である。

私が知っている網元の漁師は、「魚を獲る網には八割の魚が逃れられるよう仕込んである」といっていた。魚は自然からの恵みだから、獲り尽くすような漁を繰り返していると終いには魚がいなくなってしまう。自然をよく知っている人は総取りなんてしない。そんなことをすれば、後々自分たちの首を絞めてしまうことを知っている。

片や、この経済至上主義の社会は取れるだけ取るという「総取り」の社会。自然に対して「総取り」の感覚でいればしっぺ返しを食らうが、同様、人間社会の中でも「総取り」は大きなマイナスの反動が生まれることを自覚すべきだろう。

費やした時間に対して常に最高の生産性を求めるというタイパ感覚は、総取りの社会風潮から生まれてきたものだ。タイパを追求していると、反対側で大きなものを失い、自分の首を絞めるようなことが必ず起きているはずだ。それは決して目に見えるものだけではない。

タイパ主義が得な生き方だと思うのは、大きな錯覚だ。得しているつもりで、実は失っているものもいろいろあることを冷静になって見つめてみるといいと思う。

得た裏側で失っているものがある

タイパ主義は、いろいろな局面で時間やお金を得すると思ってなされる考え方だ。だが繰り返しいうように、その反面、失っているものも少なくない。

映画や小説であれば、それが本来もたらすだろう楽しさや感動は味わえないし、人間関係にタイパ感覚を入れれば、つき合いから生まれる深い共感や喜びを得ることはできないだろう。

タイパ主義にかかわらず、人は何かを得たことの裏側で必ず失うものがあるものだ。これは一種の法則のようなもの。

だが、たいていの人は「得る」のはいいことだという思い込みがあるから、得ることばかりに夢中でその反対で失っているものを顧みることはあまりない。たとえば、成功、地位、名誉、金、知識……さまざまなものを得ようとみんな日々あくせく努力をしているわけだが、それらを得ることで、何を失っているかを想像してみるといい。

家庭を顧みず、趣味もなく、仕事ばかり猛烈にやってきたサラリーマンが引退したら、もぬけの殻のようになってしまったという話はよく聞くが、それは引退してはじめて自分が失ってきたものの大きさに気づいて呆然としているわけだ。

知識にしてもそれを集めることばかりやっていると、何でも知識を通してしか世界を見られなくなり、身体感覚を通してはじめてわかる生の世界の感触や意味に気づかないだろう。そもそもそれを感じる力さえ弱い。

金でも評価でも知識でも、あればあるほどいいと思っているかもしれないが、本当はそうではないのだ。

私が麻雀の代打ちの引退を決めたのも、勝ち続けることで失っているものに途中で気づいたからだ。

雀鬼と畏れられ、勝負という勝負すべて勝ってしまうことに対して、何ともいえない虚しさを覚え出したのは、負けた相手のことを考えるようになったこともあったと思う。

裏プロの世界は常識でははかれない桁違いの金が動き、文字通り命が懸かったような勝負も少なくない。そんな勝負で負けることは、その世界では生きていくことが許されない意味をときに持つ。実際、私は勝負に負けることがあれば、死ぬつもりでいた。私が負かした相手は、稼業を失い、家族を路頭に迷わすようなこともあっただろう。ときにはまともに生きていけない状況に陥ってしまったこともあったかもしれない。相手の辛酸な犠牲の上に勝ちがあるのだとすれば、その勝ちにどれだけの意味があるのか？　そして、そもそも勝負に勝つこと自体、たかが人間がつくり出した狭い世界の中でどれほどの意味と値打ちがあるというのか。無敗の雀鬼と持ち上げられる裏側で、大きなものを失っていることをはっきり自覚したときに、私は雀鬼会（※麻雀を通して人間力を鍛えるための会）を立ち上げることを決めた。

人は、何かを得ずに生きることはできない。だが、得ることに強い執着を持ちすぎると、必ずバランスを崩してしまう。では、どうすればいいか。結局のところ、得ることに対してどんな姿勢でいるかということが問題になってくる。

まずは本当に自分が求めているものなのかをある程度、見極めていく必要がある。

というのは、人間の欲というのは、他人が欲しいから自分も欲しくなるという性質を持っているからだ。自らが欲しているように思っているものは、ただ他人の欲をなぞっているだけだったりする。流行現象を見れば、そんな欲の習性がよくわかる。だからこそ、自分にとって本当に大事なものは何かということを見つめ、フォーカスしていくことが大切なのだ。

何かを得ようという思いが強いときは、目標や目的が先行してしまって過程がおろそかになりがちだ。だが、どのような過程を歩むかにこそ、納得感を持って生きる意味がある。結果はあくまでいい過程を重ねた末に必然的に現れ出てくるものだ。過程を大事にするには、目的にとらわれず、まずは目の前のことに無心になって打ち込み、楽しむことを優先することだ。

私は勝負における負けの九九％は自滅によるものとかねがねいっているが、人生における「得る」と「失う」の関係もこれに似ている。得ることばかりをいつも追いかけていると、やがて失ったものが一挙に姿を現して自滅につながることが人生には往々にしてあるからだ。得るという行為には常に危うさがある。そんな自覚が必要だ。

円の感覚で人とつながる

タイパ感覚を人間関係に持ち込むと、人と人の「つながり」の大切さが見失われてしまう。よいつながりを持つためには、人と人とを円のように丸くつなぐ「円の感覚」が大事である。

点と点をつなぐ「直線の関係」だと自分の好みの人とだけしかつながらないが、円の感覚でつながっていくと、その中にはダメな奴もいて、いい奴もいる。

直線の関係は相手に好ましくないなと感じる部分が出てくると、そこで関係が切れてしまうことがあるが、円の感覚でつながっていると、ダメだなと思う面があっても、長くつながっていられる。

元竹書房で近代麻雀編集部を仕切っていた宇佐美和徳氏は、信頼も絆もある私の弟分格である。宇佐美君とは性格は正反対だが、それこそ円の感覚があるからこそ長くつながっていられるのだと思う。竹書房の他のスタッフ、雀鬼会のメンバーといった円のつながりの中に宇佐美君がいるからいいのだ。この本も、私と宇佐美君との「つながり」からはじまっている。

彼とは仕事を離れたつき合いもしていて、これまでにいろいろなところへ珍道中の旅もした（各章冒頭の会話はどれも本当の話である）。

数年前にはこんなこともあった。宇佐美君が在籍していた竹書房の当時の社長と私の間でトラブルが起きたときのこと。

私が会社に乗り込んで社長と向かい合っていると、社長が宇佐美君に「どっちが悪いんだ?」と聞いてきた。すると、すかさず彼は「桜井会長が一〇〇%正しいです。私が知る限りいままで一度も判断ミスをしたことがありません」と答えたのだ。自分の会社の社長を否定すればクビになる可能性があるにもかかわらずだ。それはいいすぎだろうとも思ったが、その毅然とした態度を見て、ああ、男気があるな、信頼できる男だなとつくづく感じた。

最初に私が宇佐美君と会ったとき、「仕事だけのつき合いはしないよ」といったら、彼は『一回会えば十分なのに、また会わなきゃいけないのか……』と思ったらしい。それなのにいつの間にか約四〇年とつき合っている。誠に有難いことである。

宇佐美君はこれまで私に対して、仕事でもプライベートでも「それは無理です」とは決していわなかった。彼の立場であれば、考えなければならなかったことも、困ったこともたくさんあったはずである。

だが、男でも女でも人は気持ちがあれば「瞬間」で、相手のために心も体も動くものだ。そこには計算や企みは入らない、入る隙がないのである。

本書は、そんな宇佐美君に相談したことからスタートした。そこに竹書房を出て出版社を立ち上げた社長がつながり、「近代麻雀ゴールド」時代から長年担当してくれている編集者や、これまで何冊も一緒に仕事をしている編集者が加わった。

元々みんなが円でつながっている関係の中からこの本は生まれている。

その中の一人が、「気づいたらなんかみんなとつながっている……」といっていたが、それぐらい軽い感じでいいと思う。

つながりの結び目は「ふわっ」とほどけるくらいがいい。堅結びは相手を固定して動けなくしてしまう。刑務所や精神病棟なんかは、堅結びで縛りつけるような場所だが、堅結びはやはり窮屈だ。

最近はSNSやコロナ禍の影響もあって人間関係が希薄になりつつあるからこそ、「つながり」の有難さに気づくということもあるだろう。

人は変化するものだから、つながりも太くなったり、短くなったりする。もちろん、私自身、誰でもウェルカムではない。一度会ったがもう二度と会いたくない、つながりたくない人もいる。つながれたらいいなと思いながら一度会ったきりで終わることもあれば、反対にもう会うこともないかと思っていたら長いつながりになることもある。つながりは人それぞれ。これも人生の味わいである。

二刀を携えた男との再会

一度あった縁が切れてしまったものの、その後、長い時間を経て復活する。そんな関係もときにある。九段の段位を持つ将棋棋士でありながら、日本プロ麻雀連盟のプロ雀士としても現在、活躍している二刀流の鈴木大介君との出会い、そして別れと再会はまさにそうだ（※鈴木君のことは大ちゃんと呼んでいるので、ここでも大ちゃんとさせてもらう）。

大ちゃんはもともと雀鬼会の初期のメンバーだった。雀鬼会にきた経緯はこうだ。彼は小学校三年生のとき、父親から「プロ野球選手か、将棋棋士になれ」といわれ、競争相手が少なさそうという理由から、棋士の道を選ぶことにした。小学校五年生で「奨励会」に入会。一年で初段、四学年上の羽生さんを超えるスピード出世だった。その後、自信は慢心に変わり、やがて壁にぶつかってしまう。周囲の嫉妬や嫌がらせもあり、将棋への情熱を失くしかけたときに、雀鬼会の存在を知って入門した。

それまでは将棋のために友だちと遊ぶことも我慢してきたが、雀鬼会では仲間たちと山へ登り、海を潜り、花火を楽しみ、合宿で鍛錬を積んだ。はじめての青春の謳歌だった。

「雀鬼会は自分にとっての学校みたいで。めちゃめちゃ楽しくて、もう将棋どころじゃない」

この時期のことを彼はそう述懐している。

ところが親に麻雀への傾倒が露見してしまう。このとき、ご両親から「大介を将棋の道へ戻してください」という相談を受け、結局、「出入り禁止」を大ちゃんに告げることになった。破門である。大ちゃんは泣いていた。

このときのことを私は道場のノートに記している。

——二月一五日
「電話口で鈴木大介は泣いていました。そばにご両親もいたのですが、辛そうに、

悲しそうに泣いていました。（中略）お母さんが電話口に出られ、淡々とご迷惑をかけてすみませんといっていた。私は別にという感じ……だけど一言だけ話してやりました。

彼は牌の音では決してふらふらした子や逃げ場としていたわけじゃなかった。勝負師の印として勝負度胸やイズムを習っていましたよ、とね。（中略）鈴木君も早く一丁前になって、堂々と俺の前に出られるようになったらいいと思います。そして、そうなるように頑張ったれやと話をしました――」

それから三〇年以上の歳月が流れた。数年前、竹書房が主催する「麻雀最強戦」で大ちゃんが優勝したことは聞いていた。そして昨年、新聞記事に鈴木大介の二刀流への挑戦という記事を目にした私は、大ちゃんに連絡をとって会うことにしたのだ。大ちゃんの人懐っこい屈託のない笑顔は昔のままだった。話をすると、やはり勝負師だなと感じさせる受け答えである。聞くと間髪を入れずに答えが返ってくる。微塵も迷いがない。

ところで二刀流といえば、いまは大谷翔平君の代名詞である。

二刀流は傍から見ると、それぞれが中途半端に終わるのではという懸念を抱かせがちだ。ところが、大谷君がそうであるように、もともと力のあるものが工夫を凝らして二つを追求すると、いい相乗効果が生まれるのである。

大谷君であれば、ピッチングのときに使う感覚や神経、思考がバッティングにも応用されたり、思わぬヒントを与えたりしているのだろうし、一方バッティングに使う感覚や神経、思考はピッチングにもいい影響を与えているのだと思う。相乗効果でそれぞれの可能性の領域が広がっているのだ。

大ちゃんも将棋をしていることが麻雀に、麻雀をしていることが将棋にという具合に、互いにいい効果を与え合うことだろう。

世間では「二兎追うものは一兎をも得ず」という。だが、私は、「二兎どころか、百兎を追う」くらいの気持ちでいろいろなことを同時にするといいと思っている。

そのほうがその人の器を広げることになるからだ。

二兎を追うことを目標にすると二刀流はアップアップになるかもしれないが、百兎を追うような気持ちでいくと余裕を持てる。

大ちゃんがかつて雀鬼会で得たものを鍛錬によってどう昇華させてきたのか、それをどのような形で発揮していくのか、今後の活躍を見るのがとても楽しみである。

迷ったときはどっちを選んでもいい

人生は一本道ではない。進めば必ず道が分かれ、どちらを選ぶべきかの決断を求められる。さっと決断できればいいが、どちらに進むとよいのか、いろいろ考えても答えが出てこないときがある。

なにしろ人は一日のうちに細々としたことも含めて、千回以上も決めるという判断をしているそうだ。小便したくなったからトイレに行こうとか、歯を磨こうとか、この豆腐は塩をかけようとか、そのほとんどは無意識に機械的に行なっているのだろう。

それだけ大小無数の決断をしている人間に決められないことは、よく考えてもやはりむずかしい。だから、そんなときは、極端な話、サイコロを振って決めてもかまわないと思う。

二つに分かれている道のどちらを選ぶかで、運命は違ってくると考える人は多いだろう。もちろんそうなることも当然あるが、最終的にどちらに進んでも、実際はたいして変わらないことのほうがむしろ多いともいえる。

というのは、どちらの道を進もうとも、結局はその人の生きる姿勢次第だからだ。生き方によって、たいていのことはどうにでもなるからだ。仮に間違った選択をしたなと思っても、工夫次第で修正をはかることはいくらでも可能だ。

ようは悪い選択をしても、最後には、その人にしか歩めない「自分の道」をつくればいいのである。

反対に工夫やしかるべき行動をちゃんととれない人は、いい道をたまたま選べたとしても、その道を悪い道へと変えてしまうこともある。

つまり、どちらの道を選んでも、その人の生き方次第で結果は同じような人生になったりすることが多いのではないだろうか。


私は目の前に二つの道があれば、違和感のあるほうを避けて選ぶが、自分を試すためにあえて困難のあるほうを選ぶときもこれまで何度もあった。そうやって、私は道を選んできたわけだが、どちらに進んでも最終的には紛れもなく桜井章一の道になっていたのだろうなといま振り返ってつくづく思う。

後悔にとらわれるな

生きていれば、後悔はつきものだ。後悔には大小さまざまあるが、後悔の内容によってはその記憶がいつまでも残って離れないというものもあるだろう。

「あのとき、ああしておけばよかった」「あんなことをいわなければよかった」

……さまざまな後悔が湧いてくることがあっても、大事なのはそれに執着しないことだ。

過去に起きてしまったことはどんなにがんばっても変えることはできない。だから、いつまでもそのことを考えても仕方ない。

後悔をすべて消すことはできない。だが、それを薄くしたり、とらえ方を変えることは可能だ。ときには時間が解決してくれることもあるだろう。

ただ、起こったことは中途半端に受け止めていてはダメだ。まずはきちんと受け止めなければ、余計に悔いは残る。その上で反省すべき点があれば、きちんと反省する。場合によってはしかるべき行動を起こす。そしてあとはもう考えないことだ。

私は自分が覚悟をもって選んだものはたとえ苦労が多くても、決して振り返って後悔をすることはしない。結婚なんかもそうだ。相手を選ぶときはすでにもうたいへんになることが十分すぎるほどよくわかっていた。結婚式では泣いたが、それは嬉し涙でなく、先が思いやられる涙だった。実際、予想をはるかに超えてたいへんだった。それでも、結婚しなければよかったと思ったことはこれまで一度もない。家人が起こす暴風が家の中を吹き荒れても、その最中、こいつと結婚なんてしなければよかったなどとは思わなかった。自分が引き受けると一度覚悟を決めた以上、終生そうするまでのことなのだ。

ただ、ちょっとしたことであれば、こうしておけばよかったかなと感じることはある。でも、そこにいつまでもこだわらない。

過去にとらわれている限り、いまという一瞬を生ききることはできない。後悔のような感情が湧いてきたら、私はさっと流すようにしている。そして、いまこの瞬間に向かい合うのである。

体を整えれば心も整う

「心に不安や悩みを抱えているときに、どうすれば少しでもすっきりさせることができますか？」そんなことをときどき聞かれる。

こんな風にとらえるといいとか、こんな感覚でいるといいとか、いろいろなことはいえるが、頭で考えて心を整えようとすることには限界もある。

もし可能なら一番効果的なのは、心でなく体から整えていくことだ。たとえば自然の中にいって流れる水に触れたり、木や土の香りを体に入れると、それだけで心の中に雑然とあるごみは消えていく。


自然がない環境であれば、自らが自然に近い体になることだ。

人間はふだん自分が自然の一部であることを忘れて生きているが、紛れもなく人も自然である。体が自分の中に眠っている自然を呼び覚ませば、自然の中にいるのと変わらない状態を生み出すことができる。

私が道場でよくやっている遊びがまさにそれに近い。私は道場生を相手に相撲をとったり、いろいろな体捌きをやって見せたりするが、八〇歳の私に彼らはいともも簡単に転がされたり、吹っ飛ばされたりするのだ。そして床をころころと回りなががら、楽しそうに笑ったりしている。

道場生に感想を聞くと、気がついたら転んでいたとか、見えない大きな波にもっていかれる感じがしたとか、何とも不思議で心地よい気持ちになるという。

いわゆる気といわれるようなものなのか、それは私にはわからない。ただ、はっきりしているのは、私は一切、力というものを使わず、「感覚の世界」ですべてを行っているということだ。力を使わないから、老身でも疲れることはない。

「感覚の動き」をするには、「人間」の意識や思考から離れなくてはならない。つまり、固定観念や思い込み、常識から離れて、自然に近づかなくては感覚の動きはできない。

自然の圧倒的な力に人は到底かなわない。ひとたび自然が牙をむけば人間など木っ端みじんである。私が道場生を相手に体捌きで吹っ飛ばしたりしてしまうのは、体がどこか自然の力と同化しているからなのだろう。

おもしろいのは私に飛ばされた道場生の体も、瞬間、感覚の世界に入り、自然に近い状態になっていることだ。道場生に「枯葉」や「風」の感覚を入れてやると、それは一層顕著になる。つまり、共鳴しているのだ。自然界で風や雲、樹々や石、生き物たちがすべて「共鳴」し「連鎖」しているように、人間の場合、自然の感覚で遊んでいるもの同士も心の信頼感をお互いに持っているからこそ、素直に共鳴し合えるのだ。

だから、当然なかには共鳴しない人もいる。そういう人は何かをつかもうとする意識が強く根を張っている。太陽をつかむとはいわない。風をつかむとはいわない。雲をつかむとはいわない。水をつかむとはいわない。しかし、人間は夢や希望はつかもうとする。このつかもうとする意識が強いと、感覚の世界になかなかいけないのである。

体捌きや相撲をとって遊んだあとの道場生たちは、みなすっきりした顔をしている。清々しくて曇一つない。まさに体を自然に近づけたことで心まで整えられるのである。

海の恵みが体に劇的な変化を起こす

半世紀以上、毎年八月になると子どものときのように夏休みを目いっぱいとってきていた。過ごす場は海。二〇代はほとんど伊豆のどこかの島へ出かけていた。昔、罪人が流されたある島には、酒のとっくりやサイコロの形の墓もぽつんぽつんと残っていた。

島から伊豆半島までは潮の流れがきつく、流人たちは簡単に島から脱出できない。実際、泳いでいると、ときおり強い引き潮が起こって一気に二〇〇メートルぐらい沖へ持っていかれる。泳ぎが達者でない人は溺れたり、海面にすら出られない。だから、島の海に不慣れな海水浴客が目の前で流される事故もときどきあった。いまのようにライフセーバーがいなかったから、そんなときは私が急いで泳いでいき、何人もの人を助けたこともあった。

その頃はちょっとした島ブームもあって、若い人が大挙してやってきた。なかにはやんちゃな連中もいて、あるとき、島の人たちにひどい迷惑をかけていたのを見るに見かねて注意をしたところ、喧嘩になり、一人で五人を相手にしたことがあった。

体験者にはわかるだろうが、喧嘩は拳のあたりどころが悪いと指や拳を骨折する。そのときは拳だけでなく足の甲も骨を折って、時間と共に腫れがひどくなった。島の人には感謝されたが、痛かったことも確かだった。それでも平気で海で泳いでいたのだから、若さのなせるわざだなとこの歳になってつくづく思う。

そんな私もいまや立派な後期高齢者。何の因果か難病にかかり、一〇年あまり通院中だ。医者からは会うたびに無茶をしないでくださいといわれるが、この前の夏も行けば無茶は避けられない海へ五日間ほど出かけた。

しかし、そのときは海に着く前からすでに体が無茶な状態だった。心身の調子を点数で表すと、マイナス八〇点といったところ。勇んで何とか海には来たものの、どうにもこうにも調子がひどい。最悪に近いといっていい。海にちょっと触れれば変わるかと思ったが、何も変わらない。どうやら、海からは、「お前が来るところじゃない」と歓迎されていないようだった。

着いて二日目のことだった。ある網元の大将から「新しい船ができたんで、先生にどうしても乗っていただきたい」といわれ、漁を間近で見させてもらうことになった。

早朝、三時起きの四時集合。港は夏というのにまだすっかり暗い。船が沖合に出ると、ある地点で止まる。こちらの船の舷側と合わせるように平行して漁師たちを乗せた船が八〇メートルほど先に浮かんでいる。漁船からは定置網が海中に降ろされている。

眺めていると、漁船は定置網をゆっくり静かに手繰り寄せながら、私が乗っている船との間を少しずつ縮めてくる。少しずつ網を引き揚げる作業のことを、漁師は「はみがきこ」というそうだ。「はみがきこ」は、二人一組の四チームであうんの呼吸で行われる。編み上げに一心に集中している漁師たちは言葉を使わず、目の動き一つで互いがすべきことがわかる。魚にとって人間は異物だ。その人間が吐き出す言葉を、魚たちはサインのように敏感に察知して逃げていくことを彼らは知っている。

「はみがきこ」のように網を絞って魚を集めていく船は「ほうき」。その魚を受ける船は「ちりとり」という。私が乗っている船は「ちりとり」だ。両船の間をときおり、十分に飛びきれないトビウオが海面近くで小さくジャンプする。船と船の間が二メートルほどまで縮まり、網の横幅が七、八メートルぐらいになると海面に活きのいい魚がぴちぴちと跳ねながら姿を現し、銀色の輝きを一面にきらきらと放っている。

船の責任者が赤銅色に日焼けした顔をほころばせながらいった。

「ここのところ不漁続きでしたが、今日は大漁です。これも先生が乗られたからですよ。船着き場に停めてあるトラックには積み切れないんで、このまま船で大きな市場がある港まで行きます」

責任者がいうには、海に好かれない人が来ると不漁、海に好かれる人が来るとなぜか大漁になることが多いらしい。海の活きのいい男衆と新鮮な魚たちと過ごした贅沢な時間。たかだか一時間余りのことだったが、漁が終わった頃には、私の心身に明らかな変化が生まれていた。一緒に乗船していた道場生たちに、「俺、マイナス八〇点から一気にプラス八〇点になっちゃったよ」と実感を述べる。

実際、下船すると、それまではおぼつかない足元で杖をつきながらゆっくり歩いていたのが、杖いらずで階段も坂もすっと上れる。伊豆から家に帰ってからも、調子は上向いたまま。体の動きがすっかり楽になっていた。

海の恵みを授かりながら生活をしている粋な漁師たちと時間を共にしたことで、海がやっと受け入れてくれたのだ。自然と同化すると体が整う。そんな話を前項でしたが、豪快な漁を間近で見た体験はまさにそれであった。

「目的」を減らせ

あなたはいま、どんな目的に向かって行動しているだろうか。スマホの新しい使い方を覚える。試験でいい点数をとれるように勉強を一日一〇時間はする。取り組んでいる仕事で結果を出す。最近太りすぎたので一〇キロ減らす。市民マラソンに参加するために毎日八キロは走る。食事をつくるために材料を買いにいき、スマホで見たレシピを頭に入れておく――。おそらく設定している目的は一つ、二つといったものではない。何十個、人によっては何百個とあるのではないか。

この社会は、人々がそれぞれたくさんの目的を携え、その目的に向かってせっせと動き回ることで出来上がっている社会といえる。無数の目的で成り立っている「目的社会」だ。

人がある目的を持って生きるのは当たり前といえば当たり前だ。だが、その目的の数はいまと百年前、あるいは千年前、一万年前では、まったく違うだろう。いうまでもなく、いまの人が持つ目的の数は、昔とは比べものにならないほど多い。

たとえば、太古の時代、狩猟採集で生活していた人たちが生きるために必要とした目的の種類は極めて限られていたはずだ。獲物や木の実など日々の食料を確保したり、獣に襲われないよう警戒したり、環境の変化によって住居を移動することぐらいだっただろう。だが文明が発達して科学が生まれ、社会が複雑化していくにつれ、人間が持つ目的の数は幾何級数的に増えていく。

その結果、いまでは過剰な数の目的にがんじがらめになって人が生きているような状態になっている。


目的は前へ進むための燃料のようなものかもしれないが、目的の数が多すぎればマイナスのほうが強くなる。強いストレスになったり、生きる意味がわからなくなったりする。

常に何かの目的を意識して生きているということは、意識が未来の時間に置かれているということだ。つまり、「いま」を生きていないことになる。人は本来、「いま」を生きてこそ生きている実感を持てるのに、「いま」を置き去りにしたような生き方は、不安と焦りを掻き立てるばかりだ。

そこから解放され、自分の本来の人生を取り戻すには、目的に縛られない生き方を探るしかない。

そのためには「目的を持たない」時間を生活の中に入れていくようにすることだ。そして目的のない時間が豊かな創造性と実りを持っていることにどれだけ気づけるかだ。

余白をつくれ

毎日、忙しくて休む暇もありません。ストレスは溜まる一方だし、だんだん何で働いているのか最近、わからなくなってきました――。そんな相談を以前、受けたことがある。この人に限らず、自分の時間が持てないほど忙しい人はこの競争社会にはごまんといるのだろう。

忙しいという人のスケジュール表を見せてもらうと、二カ月先くらいまで朝から晩まで予定でびっしり埋まっていたりする。

こういう人は口では「忙しい、忙しい」とボヤいていても、スケジュールがうまっていない空白があると、途端に不安になったりする。ようは、「忙しい」＝

「自分の存在に価値がある」ととらえている部分があるのだろう。空白の時間が生じると、何をしていいかわからず、退屈感を覚えたりもするに違いない。

人生には余白の時間をつくることが大事だ。余白の時間とは、用事を入れずに、取り立てて何もしない時間のことだ。ただボーッと過ごしてもいいし、ぶらぶら散歩してもいい。それに飽きれば遊んでもいいし、気が向けば誰かと雑談をしてもいい。余白の時間があってこそ、人は自分のことをじっくり見つめることができるし、人間らしいリズムを整えることができる。

毎日忙しいといっている人も、工夫すれば一日に三〇分や一時間の余白の時間はつくれると思う。

車のハンドルは遊びがないとガクンと急に曲がったり、方向転換したりして、スムーズな運転ができない。余白の時間はいってみれば、このハンドルの遊びのようなものだ。

私はそもそも若い時分から、余白のほうがむしろ多い生き方をしてきたと思う。というより、余白そのものの中から自分の生き方が生まれてきたような気さえする。麻雀の勝負でさえ、半分は余白の中で牌に遊んでもらったように感じる。いまも余白ばかりの生き方をしているが、少しも退屈だと感じるときはない。

「あれか」「これか」の二択で判断しない

「我、悪党なり」。私は自分を戒めるために、いつも心の中にその言葉を置いている。私に限らず、人はみな善の部分と悪の部分の両方を持っている。どんなにがんばっても、人から悪は消えない。

悪なんて毛ほどもありません、といわんばかりのきれいな顔をした慈善活動家もいるだろうが、それは嘘っぱちだ。汚いこと、悪いことをやっている人間は、それを取り繕おうと必要以上にきれいに装ったりするものだ。ひと昔前の銀行員なんかがやたらきれいに身なりを整えていたのは、思い返せばあまりきれいではない仕事をしているという気持ちがどこかにあったからだろう。

表は善の顔をしていても、その裏側に悪の要素は必ず何割かある。反対に救いようのない犯罪者でも善の部分はどこかにあるのだ。

肝心なことは、人が善と悪でできているのなら、悪の割合をできるだけ少なくするようにすることだろう。


完全に善の白い人間もいなければ、完全に悪の黒い人間もいないように、ものごとも、まったくの白であることも、まったくの黒であることもほとんどない。たいていのことは常に二つが混じったグレーであるのが真実なのだ。

人はつい、いろいろな価値判断を「よい、悪い」「勝ち、負け」「成功、失敗」「味方、敵」「美、醜」といった相反する二択に分けがちだ。

だが、現実はそう単純に割り切れない。

「よい、悪い」にしても、見方によっては「よい」が、別の角度から見れば「悪い」ものはいくらでもある。「勝ち、負け」であれば、戦い方が汚なくて勝っても負けのような勝ちもある。たとえば、戦争で勝っても、犠牲になった人たちを考えれば、人間としては明らかに負けだ。「成功、失敗」であれば、いっときの成功が長い目でみれば失敗の元になるかもしれないし、その逆もあるだろう。

このように現実の世界は、「よい、悪い」とか「勝ち、負け」といった二択のものさしだけではっきりと分けることができない。

「よい」「勝ち」「成功」「美」といった、いいと思われる価値観ばかりに執着すると、大事なものを見失う。

勝つという結果にとらわれれば、過程が疎かになる可能性があるし、成功することにこだわりすぎれば、負けや失敗から学ぶ謙虚さが持てないかもしれない。美に固執すれば、自分が老いていくことが苦痛で仕方なくなるかもしれない。

「あれか、これか」という二択で選ぶのではなく、白と黒が混じったグレーの状態のあるがままを受け入れることだ。

白と黒の混ざり具合は、雲の形が変わっていくように常に変化している。「よい、悪い」「成功、失敗」「勝ち、負け」といった価値観を超えたところに立って、視界を見渡す。そこから見える景色こそを大事にしたい。

心を軽く持て

私の雑誌連載を長年担当している編集者は、「周りを見ると、悩んだり精神的に弱ってしまうと、どうしてもネットの世界に向かってしまうように感じます」といっていた。人に直接悩みを打ち明けたり、相談したりするより、そのほうが気が紛れて楽なのだという。

でも、私から見れば、底のない沼に自ら好んで沈んでいっているようでもある。互いの負の感情や思いに共鳴・共感することで拍車がかかる。沼の中は温かく、誰にも邪魔されることのない心地よさがあるのだろう。わずかな酸素だけでじっと息をひそめ、時間が経つのも忘れて潜っていられるのかもしれない。

悩んでいるときというのは、心が重くなっている状態である。一つのことにとらわれて、考えすぎると、心は重い錨に引っ張られるように底のほうへどんどん沈んでいく。

重くならないためには、過度に考えるのをやめることである。心を重くする、すなわち思いを重くしている状態というのは、後ろ向きの感情が裏側にへばりついているので、いくら考えても結局同じところをぐるぐる回るだけである。

もっとも、考えないほうがいいといわれても、ほとんどの人は常に考えることが習慣になっているわけだから難しいだろう。

では、どうすればいいか。

それには感じるという感覚を持つことである。私は日頃から「感じる」ことを大切にしている。何事も目の前にきたものは思考から入るのではなく、まずは撫でるようにふっと軽く感じるのだ。必要があればもちろん考えるが、たいていのものは感じたら、さらっとあとに流していく。そんな感覚を常に持っていれば、堂々巡りのとらわれた思考に陥ることはないのである。

思考や感情はその対象にペタッと貼りついて動かなくなったりするが、感じるという感覚はその対象に軽く触れるとすぐにまた違うものへすっと移っていく習性がある。

つまり、考えることや感情を強く動かす前に、感じる感覚が常にあれば、一つのことにとらわれ、思いを重くすることはなくなっていくのである。

心を軽く持つ。それが習慣となれば、たとえ悩みが生まれても、そこから抜け出す道を、時間をかけることなく見つけることができるだろう。

第3章

人間の本性とどうつき合うか

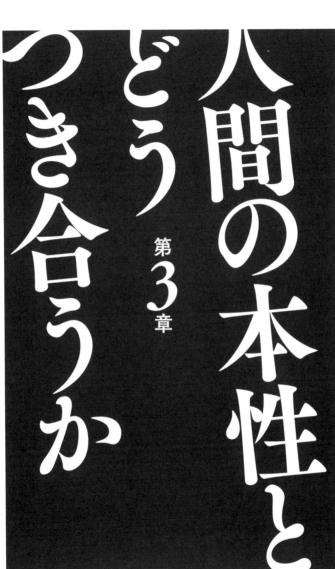

桜井（以下桜）「そういえば、宇佐美、この間の取材で忘れ物して、落ち込んでたんだって⁉」

宇佐美（以下宇）「まあ…みんなに忘れ物大丈夫ですかと声をかけてもらっておきながら、一回目は本を忘れて、その本を取りに来たときにわざわざ本の上にあった携帯電話をよけて、本だけ持って帰ってしまって。後日、忘れた携帯電話は届けてもらうという感じだったので、さすがに（笑）」

桜「もう認知症ですよ（笑）。老人のボケ。忘れ物が二つ重なっているのだからそのまま二つ持って帰ればいいものを、わざわざ下を抜いて上にあるものを忘れるなんて、そんなありえないことをしちゃうんだよな」

宇「はい……（笑）」

桜「で、落ち込んでたんでしょ、携帯忘れて。バカじゃないの（笑）」

宇「何度も戻ってきた挙句だったので……一回だけならまだよかったんですけど（笑）」

桜「そーじゃない。みんな多かれ少なかれ、必ずそうなるんだ。人というのは徐々にできていって、最終的にはまた必ず徐々にできなくなっていく、そういうもんなんだよ。

それに対して寂しいとか、むなしいとか、侘しいなんて思う必要はない。だから落ち込む必要もない。いままでできていたんだから、それでいいでしょってことよ。

俺なんかも、昔は自分の部屋からリビングへ行くときに、面倒くさいから三つまとめて必要なことをやりに行こうとするじゃん。でもそれと同時に必要でないことも一緒に一〇個考えてリビングへ行って、必要なことも必要でないこともやって部屋に戻ってこられた。それが、いまなんかついでのほうをやって、最初に必要だと思ったもの、やろうとしていたことが抜けてるんだよ。宇佐美と一緒（笑）」

宇「わかる！　わかります！」

桜「わかるだろ⁉（笑）　でもだからって、俺は落ち込まないよ。むしろいままでできたことに感謝してる。忘れてしまう、そのときが来たときに悲しまない、落ち込まないために若いときにうんとやっていればいい。その時期その時期でできたことがあれば問題ない」

宇「ちょっと心が軽くなりました（笑）」

桜「お前、T子たちにも『自分のケツも自分で拭けなくてすみませんね』といったらしいじゃねえか（笑）」

宇「いったかもしれません。酔っ払ってたんであまり覚えてないですけど（笑）」

桜「ったく、しようがねえな（笑）。でも、あいつらはそんなこと微塵も気にしてない。むしろいままでお前にやってもらってきたことをちゃんとわかっているから、何とも思ってないですよ」

宇「会長はご自宅まで車で送ってもらうと、必ず外までお見送りに出られるんですよね」

桜「しますよ。そうしなければ、俺の気持ちが済まないからね。そいつには普段から心遣いをいっぱいもらってるし、そいつに対して俺は気持ちがあるから。そいつがいつか他の誰かとそういうつき合いになったときに、俺がしたような宇「行動をしてくれたらいいなと思うね」

宇「行動が行動を覚えていくってことですね」

桜「そう。心をもらったことがある人は、心を他の誰かに配ってあげられる。それは心のある行動を感じ取って、真似ることからつながっていく」

宇「それは『心』だけではないかもしれませんね」

桜「そうだね。優しさも思いやりも温かさも楽しさもたくさんもらったことがある人は、誰かにまた同じようにあげられるかもしれない。ただ、受け取る側も、あげる側も心のキャッチボールができる『感性』は必要だな」

宇「会長はそういうことが道場でやりたかったことなんですね」

桜「そうかもしれない。俺、麻雀嫌いじゃん。そもそも麻雀って否定から入っているからね。ただやりはじめたら、朝、目を覚ますごとに強くなっていくのがわかったし、それがおもしろかったというだけで、別にいまでも麻雀は好きじゃない。

道場もはじめは、若い奴らがもう少しマシな麻雀を打てるようになればとはじめたけれど、結局は人との触れ合いが好きだったんだろうな。
もちろん麻雀に対しては心から感謝しているよ。俺の人生にたくさんの恵みをくれたのは間違いなく麻雀牌だから」

宇「会長が『雀鬼』でなければ、自分たちも出会うことはなかったですからね（笑）」

桜「そうだね。雀鬼から山田（※元牌の音スタッフで雀鬼の一番弟子。現在大阪高槻塾塾長。第五回麻雀最強戦優勝）や佐々木丸（※元牌の音スタッフで雀鬼会初期メンバー。第四回麻雀最強戦優勝）にはじまって、道場も（二〇二四年）で三六周年だもんな。俺もお前も年をとるはずだよ。
俺、最近オチる初体験をしたんだ。お前は寝オチってしたことあるだろ⁉」

宇「自分はしょっちゅう（笑）」

桜「俺はさ、最近になるまで寝オチっていうのをしたことがなかったんだ。なんでみんなあんなにオチるのか不思議だったんだけど、ここへきてやっとオチることがわかってきた。
この間なんか、便所でオチてよ（笑）」

宇「フフフ（笑）」

桜「オチるっていうのは、俺からしたら命が入ってないみたいな感じだよ。生きてないみたいなもの。だから、道場なんかでもたまに寝オチしてる奴いるじゃん。ああいう奴は生きてないんだなと思って」

宇「会長、それは語弊があります（笑）」

桜「え？ そう？」

宇「はい。いま『それってあなたの感想ですよね』という言葉がはやっているらしいですが、それです、会長（笑）」

桜「何それ？」

「それってあなたの感想ですよね」といわれたらどうするか？

少し前に、「それってあなたの感想ですよね」という話法が、小学生の流行語大賞を獲ったという。友だちに対していうだけでなく、先生に何かいわれてそう返すこともあるらしい。

若い世代に支持されている人気の論客がこの話法をよく使うことから広まったというが、この話法が流行る背景には自分を正当化する論調が世の中に溢れていることがあるように感じる。

自分が正しいと思って喋ったことに対し、他の人が「いや、それは間違っている、こっちが正しいんだよ」という意見をいってくる。そんな正義のぶつかり合いが、ネットの世界でも現実の世界でも至るところで繰り広げられている。

そんな光景を見ていると、何が正しくて何が間違っているのかがよくわからなくなってくることもあるかもしれない。結局はいっている人の主観にすぎないじゃないかということになってしまう。「あなたの感想にすぎない」ということになるわけだ。

たしかに、「それってあなたの感想ですよね」というと、自分の正義を主張してくる相手の上に一瞬立ち、相手をいなすことができるという効果はある。

しかし、そもそも人の考えや意見というのは、その人のものごとに対する評価やそれを裏づける理屈である。最初からすべて主観が入っているのだ。だから、あなたの「感想ですよね」＝「あなたの主観ですよね」とわざわざいって、相手を否定するのは道理に合っていないといえる。

どんな正論も主観から免れることはできない。

その意味で声高に叫ばれる正義というのは疑ったほうがいい。世の中の多くの正義は当然、ある角度から見れば「正しい」が、別の角度から見れば「正しくはない」。

たとえば、アメリカは正義を振りかざして世界中で戦争を続けてきた国だが、アメリカからちょっかいを出されたほうからすれば、アメリカは不正義でしかない。

アメリカはそもそもネィティブ・アメリカンの大量殺戮の上に建国された国なので、そのことを無意識に正当化するために正義の国家をやっているのだという学説を聞いたことがある。

それが本当にそうかは証明のしようがないが、正義の主張は自らのやましさや負い目をカモフラージュするためになされるものも少なくないことは知っておくべきだろう。


ところで、小学生から「それってあなたの感想ですよね」といわれたら、あなたはどういう態度をとるだろうか。

以前、あるテレビ番組で同様のことをテーマとして取り上げ、司会者がコメンテーターにあなたならこの小学生にどうしますか？という質問をしていた。

そのうちの一人である弁護士の男性は、「僕なら論破して、まだまだお前は未熟だということを知らしめます」といっていたが、小学生を力で押さえつけて大人の威厳を示し、大人のプライドを守ったところでどうなるのという話である。弁護士を名乗るならもう少し脳みそを回せよといいたいところだ。
もし、自分の意見を強く押しつけてくるようないい方だったり、人格を攻撃してくるような含みがあったりすれば、「それはあなたの感想でしょ」とその場でいなすのはありだろう。そうでなければ、あまりそういう話法はよくない。

議論というのは、互いに主観をベースにした意見を戦わせることになるので、たいがい不毛なものだ。テレビの討論番組なんかを見ているとよくわかる。それでも議論をしたり、相手とは違う意見をいうことには意義があると思う。それは自分とは違う考えや感じ方が世の中にはあるということがわかるからだ。自分の意に添わない考え方でも、それを聞けば社会はいろいろな人間でできているんだということが理解できる。

違う考え方がさまざまある中で、それを何とか調整して擦り合わせたり、どこか妥協したりしながら、社会はつくられていく。その過程が大事なのだ。

そもそも自分とまったく同じ意見や感じ方を他の人が全員持っていたら、とても不気味なことだし、生きていてもおもしろくもなんともないだろう。

自分とは違う意見でも聞いてみる。まずは耳を傾ける。その姿勢を疎かにしてはいけないと思う。

相手を変えようとしない

人の悩みの多くは、人間関係から来るものだ。感情的にもつれたりするのは、互いに自分がよしとする尺度から相手がはみ出すからである。そのことが気に入らない。つまり、それは相手に対して内心、「この部分が変わってくれたら」と期待しているわけでもある。

ところが、相手にそのことを遠回しに指摘したところで、素直に聞き入れてくれるものではない。むしろ相手の自尊心をへんに刺激し、もっと怒りを増すのがオチだ。そうなれば、相手は変わるどころか、ますます意固地になり、解決からは遠のいてしまう。

人の性格や行動パターンといったものは、小さな頃から何十年もかけてつくられたものだから、そもそも一朝一夕に変わるはずがない。だから、そんな頑なものを変えようとすることほど不毛なことはない。

関係を改善したいのなら、相手を変えるのではなく、自分を変えることだ。すなわち、相手との接し方を見直すのだ。

接し方を変えるには、まず相手に何かを期待する気持ちを捨てることだ。そして、否定していた受け入れがたい部分を受け入れることだ。

ただ、「受け入れる」と「肯定する」とは違う。「受け入れる」とは、この人はこういう人なんだと認めることである。人にはそれぞれ生まれ育った環境があり、経験がある。その過程がこの人の考えや行動をつくっているという「事情」を理解してあげるのだ。

そんな気持ちで接すると、気持ちに余裕が生まれる。すると相手もこれまでとは違うなというものを感じるはずである。そこからもつれていたものが少しずつほぐれ、関係が和らいでいったりする。

堅かった関係が和らぐと、それまで互いに悪いものを出し合っていたのが、今度はいいものが少しずつ出はじめる。相手からいいものが出てくれば、こちらもそれに反応していいものを出す。そのうち気がつけば関係性がちょっと変わったなというときが来たりするのである。

「放ったらかし」のすすめ

私は生きていく上で、「放ったらかし」という行為は必要なことだと思っている。この言葉にあまりいいイメージはない、やるべきことを途中で放り投げる、知らん顔をする、さぼる……無責任、怠慢、冷淡、そんな言葉すら浮かんでくるだろう。たしかに「放っておく」ことの中には、好ましくないものが多い。だが、「放っておく」ことで、物事が好転したり、流れがよくなったりすることは意外とあるものだ。

前述したように面倒な「事」が起こって、自分の力ではどうにもならないとき、「放っておく」ことで時の流れに委ねたほうがいいこともある。成果を出そうと必死で努力をしても思うようにいかないときは、がんばることを放り出し、力を抜き、視点を変えるとうまくいったりするものだ。

以前、「諦める力」というテーマの本を出したことがある。「諦める」には、「よい見切り」という意味合いがあり、行きづまった局面を新しく変えたいときは積極的に諦めることを選ぶべきだとその本では書いた。

だが、見切ったほうがいいのに、未練からなかなかそうできないときがある。そんなときは、「諦める」でなく、「放ったらかす」という軽い感覚で対処するといい。

生きていると「わからない」ことはたくさんあるが、そんな「わからない」ことも、無理にわかろうとしなくていい場合がしばしばある。

社会が複雑になり、人間関係も複雑になれば、わからないことは増える一方だ。

世の中にはいくら考えてもわからないものは無数にある。それら一つひとつに答えを見出し、解決することなど不可能である。いうなれば、起きた問題すらもたかだか一つの事象にすぎない。

もちろん、答えを容易に導くことができなくても、現実の問題として急いで次善の策を講じていかなくてはいけないものはある。しかし、そこまでの必要がなければ、別に放っておいてもかまわないのだ。

どうにもならないものに足を止めていては時間がもったいないし、不安や迷いを大きくするだけだ。

「放っておく」という、自分を超えた大きな流れに委ねる感覚は心を軽くしてくれる。自分を「放ったらかし」にすることは、ときには必要なことである。

自分を川の上流におく

水とは不思議なものだ。目にはっきり見えるから、つかもうと思えばつかめそう

な気がする。だが、つかんでもつかんでも水は指の間からすっと零れ落ちてしまう。

川の流れる水を見ていると、大小さまざまな岩が行く手にあってもぶつかるやいなやさっと二つに分かれ、その先で再び一緒になって流れていく。そんな繰り返しをしながら水は徐々に太い流れをつくり、最後は大海へとなだれ込んでいく。大海になだれこんだ水は蒸発して雲となり、雨となって大地を湿らす。どこまでいっても水の動きは変幻自在である。

人の心もこのような自由さを得れば、人間関係などでいちいちぶつかったりすることはないだろう。

また、私は麻雀では自分を川の上流において下家のいる下流にきれいな水を流す意識を持てといってきた。現実の世界でいえば、きれいな水を流すことは、子どもや困った人を思うことにつながる。

人はそれぞれ人格が違うから、ぶつかったり、揉めたりする。だが、正面からぶつかっていくのではなく、川の流れのようにすっと左右をスルーしてまた結べばいいい。

もし水が硬いものでできていたら、岩とぶつかったときは双方が粉々に砕け散ってしまう。その先、変化していくであろう流れはそこで終わってしまう。可能性がそこで途切れるのだ。

いかなる相手に対しても、水のような感覚をどれだけ持てるか。それは人間関係の軋轢や悩みを減らす一つのコツでもある。

問題があって当たり前

人は生きていれば必ず何らかの問題にぶつかる。どんなに条件や環境に恵まれている人だって、問題のない人生はない。

むしろ、問題があるからこそ、人生なのだと思う。

いってみれば、人生は障害物競走だ。常に山あり谷あり、大小の岩がそこらじゅうに転がっている道を人は歩んでいるようなものだ。

何か問題に出くわしたとき、うろたえたり、焦ったりするばかりで、なかなか解決できない人というのは、心のどこかで人生は問題があってはいけないという思いが強いのだと思う。人生はそもそも問題が必ずあるものだという前提で考えていないのだろう。

問題があってはいけないという思いになりがちなのは、傍からはうまくいっているように見える人を無意識になりたいモデルとして見がちだからだ。そこにはネットの影響も無視できないだろう。ネットには、「こんなふうにして私は成功をしました、きれいに着飾ってこんないい暮らしをしています」みたいなことをアピールする人たちの話題や画像が溢れている。

反対に失敗や貧困を取り上げたものもネットの中には限りなくあるが、人の意識はどうしても、前者のような生き方や暮らしが理想に感じるのだろう。理想が基準になれば、問題というのはなおさらあってはならないものという思いが強くなってしまう。また起こった問題は自分の未熟さゆえだと自分を責める気持ちも一層強くなるに違いない。

人生における問題やトラブルというものをどう位置づけるか、そもそもの設定を間違った人が多い。

問題がない人生はもはや人生ではない。問題があってこそ人生だ。そう思っていれば、いざ問題が現れても、必要以上に心を揺らすことはないはずである。

童心を失うな

昨今は幼稚園や公園で遊んでいる子どもの声がうるさいという苦情がけっこうあるらしい。子どもが楽しく遊んでいるのを見て、うるさいと文句をいうような大人は、それこそ昭和あたりまではほとんどいなかった。

では、なぜそんな大人が増えているのか。

一つは、「童心」を持った人間が減っているからだろう。童心は子どもだけが持つものではない。大人だって持っている。

童心というのは、「小さな頃に自分で生み出して、自分を楽しませる」心のことだ。さらにいえば、大人に怒られようが自分で選んだ楽しさをリスクも含めてやり通せる気持ちのことだ。つまりは「遊び心」。だから、子どものときに子どもらしく楽しい思いをしていない人は、持つことが難しいかもしれない。


管理することはいいことだと思って、いまは何でも管理、管理の社会である。管理された学校や家庭で子どもの務めは遊びより勉強という育ち方をすれば、遊びの経験は当然乏しくなる。きっとそんな大人が増えたのだろう。

童心を持たない大人に、そもそも童心で溢れた子どもたちは理解できやしない。彼らは童心があることを幼稚だと思うのかもしれないが、童心がない大人こそが逆に未熟なのである。

童心は大人になっても忘れないようにしたいものだ。童心をなくすことが大人になることだと思っているなら、それはとんでもない誤解である。

「童心」は人生を生涯にわたって楽しくさせるとても大事なものだ。

子どもの遊び声がうるさいと感じる、もう一つの理由は、この数十年の間に瞬く間に広がった自由主義や人権主義の影響だろう。自由人権主義というのは、簡単にいえば、「自分らしく生きる」ことを何の制約もなく自由に選べることを理想とする考えである。いまや自由人権主義は見えない宗教のように世界中に広まって、人々はその考えを当たり前のこととして生きている。もちろん、それは悪いことではない。

だが、自由人権主義を履き違えると、ただの自分勝手な我がままになってしまう。そんな勘違いをした大人にとって、子どもの無邪気な声は、自分らしい生き方を邪魔してくる許せない雑音になってしまうわけだ。

子どもというのは本来、社会がみんなで育てていくものだ。子どもはすなわち未来である。だから、子どもを大事にしない社会に未来はない。仮に童心がなくても、そんなことくらいは最低限認識すべきだろう。

童心は孤独の問題とも関係している。孤独になると、自分の居場所がわからないし、自分という存在がわからなくなる。存在がわからなくなれば、自分なんていらないんじゃないかと思ってしまう。

だから、まずは「自分を大切にする」ことが大事だ。実は「自分を大切にする」ことは、「自らを楽しませる」という「童心＝遊び心」からも生まれてくる。

極力楽しみを自分でつくっていく生き方は、周りの人にも楽しみを与える。そのことによって、人と触れ合う機会が増え、おのずと自分の居場所が生まれるのだ。

「違和感」には誤解がある

私はものごとを判断する際、「違和感」を大事にしている。麻雀の勝負においてはもちろん、普段の生活においても、私にとって違和感は大きなものさしになっている。

違和感のあるものを前にすると、「これは違うな……」という微妙なひっかかりがすっと生まれる。それを手掛かりに、違和感のあるものを避けたり、違和感のある行動をとらなければ、正しい方向へ進むことができる。これまで、そうやって勝負の流れを引き寄せたり、おかしなものに巻き込まれたりするのを避けてきた。

このような違和感は、極めて感覚的なもので、理屈だけでは説明がつかないものを多分に含んでいる。つまり、単に好きか嫌いかの感情レベルにおける話ではない。

私が「違和感を手掛かりに選択や行動をする」という話をするときに、よくされる誤解は、嫌いなもの、苦手なものが違和感なんでしょというとらえ方だ。もちろん、その要素も幾分かはあるが、それだけでは本当の違和感とはいえない。

感情だけで判断するのでは、好きか嫌いかになるので人によって感じ方はまったく違ってくる。たとえば、雑然とした繁華街を楽しいと感じる人もいれば、その雰囲気が苦手で違和感を覚える人だっている。ネット社会が苦手な人もいれば、そこに喜びや希望を見出す人もたくさんいる。すなわち、感情レベルにおける違和感となると、人によってまちまちで、それゆえ、あまり当てにならない。

私がいう違和感の本質は好き嫌いといった感情や思考の先にある。それは、感情や思考を外したときに立ち現れる〝何か〟なのだ。自らの存在が人間から離れ、自然に近づいたときに生じる純度の高い感覚。それが働いたときに感じる、いわくいいがたいものが違和感だ。

もちろん、私の違和感がすべてことごとく正解かというと、そうではない。ちょっとした先入観が入ってしまったり、過去の記憶にくっついた感情が紛れ込んだり、純度の高い違和感にならないことは当然ある。

最近は年のせいか、違和感が的を外すこともときどき起きる。ただ、私が何かを判断する際、それは相変わらず重要な指標にはなってくれている。

「覚悟」という言葉を使っていいとき

「覚悟」という言葉を昔より、よく耳にするようになった気がする。私にとって生きていく上での覚悟とは、小さいながらもずっと続いている何かである。雀鬼会を続けることもまさしくそうかもしれない。いってみれば、覚悟とは生き様のようなものだ。

世間を見渡すと、覚悟という言葉をもっともよく使うのは政治家だ。「覚悟を決めてこの政策を実現してみせます」みたいなことを、あの連中はしょっちゅういっている。だが、覚悟を決めるというわりには、ブレまくったり、腰砕けになったりしている姿ばかり目につく。

政治家についでよく目にするのは、野球やサッカーなどのスポーツ選手たちだ。「覚悟をもって決め球を投げました」「覚悟をもって次の試合にのぞみます」といったふうに、「覚悟」をやたら連発している。この手の覚悟は、覚悟というより、「気合」ということだろう。気合を入れてボールを投げる、気合を入れて試合をする、たいがいそんなところだ。わざわざ覚悟という言葉を持ち出すまでもないだろう。ヤクザが報復で敵対する組織の事務所に拳銃を打ち込むのだって覚悟を決めてやっているのだろうし、詐欺グループに指示されて強盗を働く若者も覚悟を決めて実行するだろう。犯罪者が実行する悪行は覚悟の上でというものが少なくない。いい条件の会社を見つけて転職するのも、覚悟を決めてのことだろうし、好みでない金持ちの男と金があるからという理由で結婚する女性も覚悟を決めている。

こういった覚悟は、何かを得るための計算に基づいた覚悟であって、覚悟という名にふさわしいとはいえない。

「覚悟」とはあとに引けない不退転の決意でもってなされる。しかも純粋な思いや情熱が込められている。そんなニュアンスを感じさせる言葉だが、実際に使われる覚悟の多くは見ていると、純粋な情熱といえるかどうか怪しい。しかも状況によっては簡単に翻意しそうなものが多い。

一口に覚悟といっても、ピンキリだ。しかも、世の中のたいていの覚悟はキリに集まっている安っぽい決意のようなものばかりである。

もっとも、この世には「得るための覚悟」とは真反対の覚悟がある。つまり、「何かを失う覚悟」である。そこに清々しい響きがあるのは、大きなものを失うことを前提にしているからに他ならない。

失うことの究極の形は命を失うことである。すなわち、本当に覚悟を決めるとは、命がかかっているような絶体絶命の状況でしか使えない言葉なのだろう。

売られた喧嘩は高く買うか？

「喧嘩を売られたときは、安く買うのと高く買うのと、どちらがいいんでしょうか？」

そんな意図の見えない言葉遊びのような質問をされたことがあった。

「いや、安いも高いもないだろう。売られた喧嘩は買うだけだよ」

そう答えたが、よく考えればここ何十年と私は喧嘩を売られたことはない。訳のわからないからまれ方は一、二度あったが、それは喧嘩というより、相手の勘違いからくるものだった。

若い時分はそれこそたくさんあった。最近は喧嘩とはいえないが、カミさんからの調子っぱずれの攻撃は日常茶飯事だ。もちろん、それを「買う」ことはない。

二〇代の頃は優男の風貌だったせいか、町でよくからまれた。むしろ、相手がからみたくなるような誘いをわざとしていたともいえる。

「どうぞ、どうぞ、からんでちょうだいね、遠慮はいらないよ（笑）」みたいなオーラをわざわざ出していたのだ。

繁華街を歩いていて、向こうからチンピラグループが真っ直ぐにやってきても、どかないのである。向こうは目を吊り上げ犬みたいなうなり声を上げてくるが、それでもどかない。胸ぐらに伸びてくる手を制すると、ここではなんだからといって脇の細い路地に彼らを案内し、ボコボコにしてしまうのである。

いつも動物的な本能が刺激を求めていたのだろう。自分がどこまで強いか、試したくて、そんな喧嘩をよくやっていたのだ。

「喧嘩は安く買うか、高く買うか」という冒頭の質問に返れば、相手と衝突しそうになったとき、こちらに来る矛先をさっと流す人は、滅多に喧嘩をしないので喧嘩を高く買っているといえるかもしれない。反対に売られた喧嘩を何でも買うのは、安く喧嘩を買っているともいえる。

もっとも、喧嘩を安く買うだの、高く買うだのはどうでもよいことだ。肝心なのは、喧嘩をするしないではなく、筋を通すことである。

筋の通らないことをされ、そこを責めても態度をあらためない相手には、喧嘩という形でこちらが筋を通すしかないときもある。こちらがはじめから筋を通しているのに、いや、そんなものは受けつけませんという態度で返ってきたら、そのときも喧嘩に発展するかもしれない。

筋を通す生き方は、いろんな軋轢を生みそうに見えるが、実際そうなるのは、独りよがりの勘違いな筋を通そうとするときが多い。まっとうな筋であれば、たいがいの人は納得する。筋が通っている男は、どこから見ても、「その通りだね」という生き様を平素からしているものである。

復讐はどこまで許されるのか

殺人など絶対に許されない罪を犯す人間は、この社会に一定数程度いる。その被害を被った人や肉親は、この法治国家において「目には目を」的な復讐を自らすることはできない。侍の時代なら「かたき討ち」が認められていたりしたが、現代では復讐を法律制度に則って国家が代理ですることになっている。

人から攻撃を受け、被害を強く被ったときは、「許せない、相手にも同じ思いをさせてやる」と復讐の気持ちを抱くのは、当然である。復讐をテーマにした映画や小説がたくさんつくられ、受けるのも、きっと生存本能の深いところを突いてくるからに違いない。

みなさんも何か理不尽な仕打ちをされて仕返しをしようと思ったことはあるだろう。しかし、この法治国家では簡単にそんなことはできない。法治国家が誕生する前の世界では、相手を殺すような復讐なんかでもそれなりの頻度で行われていたはずだ。

もし、私の家族が、何の理由もなく殺されたりしたら、そのときはきっとかたき討ちに走るだろう。昔、我が子がまだ小さかった頃、「この子が意味もなく、車に轢かれて亡くなったら、同じ車種に乗っている奴を一人残らず殺す」ぐらいに思っていた。

実際にはそんなことはしないだろうが、ひどい目にあわせた相手には同じことを相手にもする。そのために行動を起こす覚悟があるということだ。

もっとも、私はいまのところ相手に強い恨みを抱くような経験は幸いない。怒りを覚えるようなことがあれば、たいがいはその場で解消してきた。それこそ若い時分は体を使ったケンカもたくさんやった。理不尽な腹立ちがあれば、その時その場で相手に吐き出してきた。だから、恨みや憎しみが残ったりしていないのだと思う。

若い頃から精進に精進を重ね、己の体を鍛えてきた御仁が以前よく道場に見えていた。その人が、あるとき道場生たちと相撲をとってことごとく負け、自分が培ってきた技がまったく通用しないまがいもので、ただただ弱っちいことがバレてしまったことがあった。何も道場生たちが取り立てて強かったわけではない。彼らは街なんかでもしケンカに巻き込まれれば、負けたりするだろう。はからずもプライドを粉々に壊されてしまったその人は逆恨みのような感情を抱いて、ちょっとした意趣返しのようなことをしてきたが、私はたいして腹も立たなかった。そのとき感じたのは、ケンカにもならない相手には憎しみの感情はさして湧かないということだった。

死刑制度はどう思うか？　と聞かれたことがある。昨今は人権主義の立場から死刑制度をなくそうという趨勢にある。

だが、私は命を奪ったものは、それと引き換えに自分の命を差し出す覚悟は持つべきだと思う。命と命の交換だ。覚悟はなくても、自分の命がとられることに文句をいう資格はないだろう。だから、「冤罪の可能性」を抜きにすれば、死刑制度は

場合によってはぎりぎり許されるのではないかと私は思っている。

キリスト教の社会には、「許し」という概念がある。「右の頬を打たれたら、左の頬を差し出せ」という言葉などにその思想は表れている。

だが、「許す」というのは、された内容や相手の態度によってできるものとできないものがある。キリスト教ではどんなに酷いことをされても、「許せ」と説くが、された事実は事実であり、そのことは永遠に消えてなくなることはない。それを許すというのは、理に合わないことである。

そんなとき、無理に許そうなどと思えば、ますます辛くなるだろう。ずっと許せないものは許せないのではないか。

また、もし自分が上の立場となって下の者が何か問題を起こし、自分にその責任が生じた場合は、辛いこともあるだろうが、下の立場や弱い立場の人たちのその都度「事情」を加味して、「起因」を考え、慮《おもんぱか》ることは大事な過程であろう。

葛藤に葛藤を重ねた末に行われる許しは、自分の葛藤をどこかでごまかして落ち着かせる心理なのだろう。許されざるものにとらわれて生きるのは苦しい。だから、許しという操作を自分の中で何とか行ってしまうのもまた人間なのかもしれない。葛藤を落ち着かせる方便としての許し。それをさらに超える本当の許しが果たしてあるのか、私にはわからない。

ガザの紛争やウクライナの戦争をみていると、「許さない」という気持ちが無数の取り返しのつかない悲劇を生んでいることがよくわかる。かといって、あのような状況で互いが「許す」という気持ちを持つことは途方もなくむずかしい。

しかし、そこで仕方ないと諦めてしまっては未来がなくなってしまう。では、どうすればいいのか。「許す」ことは到底できないにしても、相手との離れている距離を少しでも縮めることは不可能ではない。そのための努力と工夫は当事者や国際社会が粘り強く続けていくことが肝心だと思う。

距離を縮めるには、まず相手がどういう論理で動いているかをよく知ることである。どういう歴史を経て、どんな思想を育み、いかなる感情や論理で行動をしているのか、そこには相手を動かしている必然ともいえる大きな論理があるはずである。それをなるべく素直に見つめ、理解することだ。

　こちらの価値尺度だけで相手を端から否定してしまっては距離は広がるばかりだが、相手の内側にある論理をきちんと理解すれば少しは相手が近くなる。それを手掛かりに対話を我慢強く重ねていくことでしか、紛争や戦争の真の解決の道はないのだと思う。

第4章

ホンモノの強さを持てるか

桜井（以下桜）「俺はさ、何かキツイなと思うことがあるときは、必ずいまの俺よりも辛い、大変な思いをしている人がいるはずだと思うんだよ」

宇佐美（以下宇）「あー、なるほど」

桜「この間もさ、ウンコが出なくてよ。先っぽが少し下がってきてるのはわかるんだけど、ビクともしねえんだよ」

宇「（笑）」

桜「そのときにさ、申し訳ないけど、出産する女の人はうんと大変なんだろうなって思ったんだよ」

宇「男はあの出産の痛みや辛さに耐えられないといいますからね」

桜「いや、本当に大変だと思うよ。

もっといえば、俺らの母親の頃なんか戦後の貧しい中で、子どもだけでなく親の世話があって、ご飯の支度に、子どもたちの洋服や着物を縫ったり、風呂に一人ずつ入れたり、洗濯は冷たい水のなか手洗いだろ。よくやれていたと思うね」

宇「いざとなれば大黒柱の父親がいるとはいえ、何もしないですからね（笑）」

桜「そう。当時は、そういう時代だったからね。

俺の場合、服なんか遊んで汚したり、ケンカして足や手から血が出ていたりすると、母親が心配して何かいってくるから、自分でこっそり裏で洗濯するんだよ。その水が冬場なんかつめてえんだよな」

宇「昔は井戸水ですからね（笑）」

桜「つくづく女の人には敵わないなと思うね。だからこそ、優しさや思いやり一つとっても、男が女の人に負けてるようじゃ男らしくないなと思う」

宇「いま多様性が世界的にも声高に叫ばれていますけど、男と女という問題においては生物学的な区別がどうしてもあるんで、他人から見た性別と自分の中の性別の認識の違いでいろいろなジェンダー問題がありますけど、そもそもどちらにしても個人『差』はあるんですよね（笑）」

桜「そう、自分らしさの中に、男があるのか女があるのかってことだ。俺は自分らしさの中にまず『男』があるから、やっぱり男らしい強さを持っていたいと思うだけで」

宇「社会は平等を主張してますけど、まだまだ男社会であることも多いし、そもそも平等ということ自体『差』という『違い』がある以上難しいですよね」

桜「だから、社会って歪むんだよ。社会的に権力も金も持った男だって、結局、女性である母親のお腹を一〇ヶ月借りて出てきてるわけだろ。それも命懸けだよ。それなのに、体がデカくなったら威張るだとかドヤすなんてのはないだろうってことだ」

宇「人が強くなりたい理由と関係がありそうですね」

桜「うん。何のために強くなりたいのか。それが大事だね。それこそ、いま世界では戦争が起こっているけれども、戦争に行く人たちは家族や大切な人を守るために行くわけだ」

宇「そうですね。かつての日本の戦争でも、特攻隊員はみんな『お母さん』といって散っていったといいますからね」

桜「そりゃそうだよ。天皇万歳なんて思いで死んでいった人なんかいないよ。みんな大切な人たちが幸せに、平和に暮らせることを願って死んでいったんだ。もっと早くポツダム宣言を受諾していれば、広島も長崎も原爆を落とされることもなかった」

宇「数十万人の死が回避できたといわれていますから」

桜「それでも戦争がなくなることはないだろうね。国の権力者や政治家が起こすのが戦争だからね。国にとって大切なのは一般市民で、戦争になればその一般市民が犠牲になるのはわかっているのに、なくならない」

宇「みんな『権力』が好きですからね」

桜「そういうこと。どんな時代にも権力者は必ず生まれる。そして、そいつらは必ず大虐殺をする。歴史が証明しているよ」

宇「………」

桜「こうなったら国際法で、国の偉い奴らから戦争へ行くようにルールをつくればいい。日本でいえば、先頭は天皇、皇族。次が総理大臣、大臣・閣僚級、国会議員、地方議員…次は大企業の社長や役員、年収の高い奴。社会的に偉い奴らから行けばいいよ。そのあとは七五歳以上の老人。アメリカもロシアもみんな偉い奴らから行けばいい」

宇「(笑)」

桜「俺も当然行くよ。七五歳以上の老害だからね。後ろから前にいる奴らを煽ってな(笑)」

宇「じゃあ、自分もお供します(笑)」

桜「あ、お前もちょっと早いけど行く?」

宇「はい」

桜「ただ、俺はそう簡単にはやられないよ(笑)。勝負となれば、俺も易々と負けるわけにはいかないんでね」

宇「(笑)でも、そのくらいしないと戦争はなくならないですね」

なぜ強くなるべきか？

なぜ強くあらねばならないのか？　そう問われれば、私はこう答える。

「自分の周りの者や大切なものを守るため」

私は長年、夏の一ヶ月は必ず道場生たちと海へ遊びに行っていた。波が激しく打ちつける岩場の傍で潜って魚を捕ったり、岸からけっこう離れた潮の流れが速くなっているあたりまで泳ぎに出たり、ちょっと間違えたら死んでいたかもしれないという危うい瞬間もたくさんあった。でも、幸い誰も怪我もなく、どうにかやってこられた。みんなが泳いでいるときは、何かあれば必ず守るという気持ちで常に全神経を張って、目配り、耳配りをしていた。

水中から上がろうとしたときに波で大きな岩が動いて頭にかぶさってきたり、一歩間違えれば大惨事というようなことは、私の身に一番よく起こった。怪我をすれば、毎回『あーよかった。俺で』と思っていた。道場生の誰かにいくのではなく、俺にきてよかったと思うのだ。道場生や孫たちに何か起きそうなことはすべて俺が引き受けるという気持ちがそんな結果を導いたのかもしれない。

いまの社会で、強くなりたいという心理はたいがい、人に勝ちたい、追い抜きたい、心身共に従わせたいという気持ちから生まれるものだ。こうした強さは「力」に頼った強さだ。

だが、私は昔から力を否定している。力が入るものは全部ニセモノのような気がするからだ。だから、何事にも力んで力を使うということをしない。当然、麻雀も力でもって相手をねじ伏せようとすることはしない。道場では力を抜いた「感覚」の動きの強さをみんなにも教えている。

私がいう強さは、常識的な力が生み出す力とはまったく異質である。力＝強さではない。本来の強さというのは、ふんわりとかやんわりしたものだ。

強さは「大切なものを守るため」だと先ほどいったが、大切なものに触れるときに、力いっぱい触れる人はいない。赤子を抱くときに、強く腕を巻きつければ骨を折ったり、窒息させてしまうことになる。本当の強さの中には「大切なもの」の存在が常に真ん中にあるということだ。

ホンモノの強さは、力からは生まれてこない。力を捨てたときにこそ、しなやかな姿で立ち現れるものだ。

体の資源をすべて使えば、とんでもないエネルギーが生まれる

力を捨てたときに現れるホンモノの強さとは何なのか。ピンとこない人もいると思うので、もう少し詳しく説明しよう。

体の使い方を引き合いにすると、理解しやすくなるかもしれない。

私は道場生を相手に体捌きをしたり、相撲をとったりしてよく遊んでいる。八〇歳という高齢の私が、力が何も入っていない動き方をして道場生たちを押さえ込んだり、投げ飛ばしたりする様を見ると、はじめて道場を訪れた人は不思議に思うだろう。

道場生たちだけではない。ときおり道場にみえるボクシング、レスリング、相撲、野球などのプロのアスリートたちを相手にも体捌きをしてみせたりすることがある。私は体重六〇キロ台半ばくらいだが、一〇〇キロを超す格闘家なんかも力を一切入れることなく倒してしまったりする。そこで押さえ込まれた相手は、どんなにがんばっても私を跳ねのけることができない。

彼らは首をひねって頭の中に『?』を浮かべている。自分たちが信じている力の世界とはまったく違うものに触れたことで、常識で固定された観念が揺らいでいるのだろう。

人は普段、習慣的に体の一部しか使っていない。体を使うことを専門にしているプロのアスリートでも体のすべてを使っているわけではなく、体の何割かしか使っていない。

体が仮に一〇個の部分でできているとすれば、ふつうの人はそのうちの二くらい、プロのアスリートで五くらいといったところだろうか。

二つ使えば二の力、五だけ使えば五の力にしかならないが、もし一〇をすべて使うことができれば、そのときは一〇ではなく三〇や五〇くらいの力が現れるのである。

本当に力を入れない状態で体を使うことができれば、体の一〇すべてを使うことができる。一〇使えば三〇や五〇になるのは、体にある一つのものが二になり、二が四になり、四が八になりといった感じで全身の中でそれらが瞬時につながり、核分裂反応を起こすようなエネルギーが生じるからである。

レスリングであればレスリングの枠の中で、野球であれば野球の枠の中での一定のきまった動きしかしない。それゆえ、体が持っているさまざまな資源は使われていないままになっているのだ。

ところが、力みをまったくなくして体を柔らかく使えば、全身に潜在している力が一挙につながり、とんでもないエネルギーになるのである。

「力を抜く」ことは簡単でない

体の力は、骨や筋肉の力と神経の伝達の組み合わせからなると、ふつうは思われている。だが、それを超える次元というものを体は持っている。

私がいう「感覚の世界」がそうだ。感覚の世界は、力を抜けば現れる。もっとも力を抜くといっても、いわゆる脱力とはまったく違う。

人は、A＝Bであるとか、J＝Xであるといったさまざまな固定観念を持っている。その固定観念を取り除くと、見えていなかったことが突然見えたり、視界がさっと広がったりする。

体から本当の意味で力を抜くには、「力を入れるのはいいこと」だという固定観念をなくさなければいけない。力を抜くとは、「押してもダメなら引いてみよ」というときの「引く」とはまた違うのだ。

力を全身から抜くと、力はゼロになるのではなく、核分裂反応を起こすようなエネルギーがそこから湧いてくる。脱力した体はただの無力な状態にあるが、力が本

当に抜かれた体はどこにも一切の緊張がなく、弾力を持ったボールのような柔らかな状態にある。

道場に取材等で訪れた人に力を抜くことをさせてみることがあるが、できる人は一人もいない。みんな力を入れるのはよいことだという固定観念が深く染み込んでいるから、力を抜こうと思っても、本当に抜くことはできないのである。むしろ、抜こうと意識すれば、その意識の分だけ逆に力が入ってしまうのだ。

私は、牌を打つときは力を抜いて柔らかい動作ですべしと道場生に教えるが、本当にどこにも力みのない自然な柔らかさで打つことは、何千回、何万回とやってまぐれで一回できるかできないかである。

体は思考が入ると、必ず力が入ってどこか不自然な動きになる。人は考えたり、何かを意識して動作をすることが習慣になっているので、自然な動きがなかなかできない。

たとえば、海で潜ろうとするとき「潜ろう」と意識して体を動かすと体は沈んでいかない。全身から力を抜き、頭を下にして素直に重力にまかせれば、自然に沈んでいく。反対に水面に仰向けで浮かんでいるときは、体のどこにも力みはないはずだ。体の一部でも意識して力が入ると、途端にバランスを崩して沈んでしまう。

「〜しよう」とする意識がある限り、力みは体からなくならない。

意識でコントロールする習慣を捨てる。「〜しよう」という意識を止める。それがうまくできたときに、はじめて力は抜けるのである。

強ければ動作が見えない

私の麻雀は「世間の麻雀はなんで変な動きをしているんだろう？」という違和感が出発点にある。打ち方一つとっても、窮屈に体が縮こまっていたり、反対に緩みすぎていたり、あるいは肘が重かったり、軸がブレまくってドタバタしたものになっている。

牌を打ったり拾ったりする動作だけでなく、手順や流れのつくり方すべてが違和感だらけだったから、それなら違和感のない麻雀をしようとはじめたのが雀鬼流なのだ。

私が世間の麻雀に違和感を覚えたのは、一言でいえば力が入りまくっている麻雀だからである。だから、雀鬼流では打ち方も考え方もすべていかに力を抜くかということをもっとも大切にしている。

たとえば、卓に倒れている牌を片手で起こすとしよう。そのとき、ふつうであれば、指や手首を動かして牌を起こすだろうが、私は指も手首もまったく動かさずにすっと撫でるようにして牌を起こすことができる。

これは牌を起こそうとする意識を消し、力を入れないからできる。ところが、牌を起こそうと意識するほど、指や手に力が入ってドタバタした動きになってしまう。

牌を起こそうと意識する前者の動きははっきり目に見える。片や、その意識を消した後者は動作らしきものがなく、静かで速いので見えにくい。見ている人は何がどうなったかよくわからない。

昔、対戦相手が私の打ち方を見て、「陽炎打ちだな」と呟いていた。すごい打ち手だったが、こちらの動作が見えないというのだ。私からすれば、相手も陽炎のような動きをしていてまるで合わせ鏡のようであった。

力の次元を超えた感覚の世界で動くと、見えない速さを伴った最小の動作ですべてをこなすことができる。そのときに生まれる強さは、常識でははかれない強さなのである。

流れるようにつなげていくことで、いい結果が生まれる

体は絶え間なく変化する流れの中にある。それゆえ、その動きもまた同じように流れるように変化しているのが自然である。ところが、現代のような非常に人工的な環境にいると、流れるような体の動きはできなくなってしまう。人工的なものに

流れが遮断されるからだ。
周りの変化と合わせて流れるように動いているとき、体には力みがなくなる。本来であれば、体の動きは一つひとつの動作が流れるようにつながっていくのが理想だ。自然の中で自然と一体となって暮らしているような人はそれができる。

麻雀では、手の指を開いて牌を持つと牌が自然な形でおさまらない。手の指を開くと、牌を打ったり、持ったりする動作が、肘から先だけの固まった動きになってしまう。牌を取ったら手におさめなければいけない。おさめられなければ次の変化に即座に対応できない。

麻雀は次々と起こる変化に瞬時に対応していかなくてはいけないのだ。

変化に隙間なく対応するには、体から力みを消し、動きを極限まで柔らかくしなくてはいけない。

たとえば、電車の中で立っているとき、体が硬いとちょっとした揺れでもよろめいてしまうが、反対に柔らかければ、揺れに合わせてしなることで体の力が放散され、よろめくことはない。

体を硬くしてバランスを崩すと体は大きく傾き、動きの流れがそこで止まってしまう。体の動きというのは、一つだけで完結させるものではない。一つの動作がブツ切れになってしまうと、次の動作に移るのに大きな動きが必要になる。

動きを大きくすれば、どうしても力が過度に入り硬くなってしまう。また動きが大きいということは無駄な動作をしているので、次の動作に間に合わなくなってしまうのである。

一つひとつがつながって流れるような動きをする体は、「固体」でなく「流体」である。流体が描く曲線はあくまでも滑らかで美しい。

力みをなくすと本当のしなやかな強さが生まれるということを、体を引き合いにして説明してきたが、このことは単に体の動作にとどまるものではない。

力を抜くことの重要性は、仕事や日常の生活においてもいえることだ。たいていの人は何をするにも力が入っている。たとえば、何かしようと思えば、がんばるはずだ。がんばるというのは、力が入りまくっている状態に他ならない。だが、がんばるという姿勢からいかに力を抜くかが、ものごとをうまく進める上では必要なのだ。

そもそも「がんばる」ことはいいことだと思っている人が多いかもしれないが、「がんばる」とは意識する必要のないものである。私からいわせれば、人間みんな放っておいても「がんばって」いる。

がんばろうとすれば、「〜しよう」と強く思って行動することになる。すると力が入ったドタバタした動きになり、流れるようにものごとを進めることができなくなってしまう。その結果、的を外してしまうことは少なくない。

仕事でもふだんの生活でも、あるいは人間関係においても、力を抜くということはとても大切なことなのだ。このことをよく覚えておいてほしい。

強くないと人生の勝負に負ける

勝負において弱いものが強い相手と戦うとき、正攻法でいっても勝ち目は少ない。実力的に勝っている相手を倒そうと思えば、頭を使っていろいろな工夫をし、相手の予想外のポイントを突くことが勝機を招いたりする。

ただ、ややもすると弱者の戦い方は勝つことにこだわるあまり、勝負の品格という点においては見境ない手段を使いがちだ。


野球を例にとるとわかりやすいかもしれない。少し古くなるが何人かの顔が浮かぶ。弱者の兵法などといってたくさんの本を著した有名な監督は現役時代、キャッチャーの立場からささやき戦術をよく使ったそうだ。

ささやき戦術とは、バッターボックスで構えている打者の後ろからマスク越しに相手の心を動揺させるようなことをいろいろと囁くのだ。監督の本を読んでこのことを知った人は、なるほど頭をフルに使って戦うとはさすがだなと感心したりするのかもしれないが、私からすれば勝負の本質とは無関係な姑息な手にしか思えない。

ボールがぶつかりそうな際どい内角攻めを打者に繰り返し、恐怖心を与えるピッチングで優位な展開をはかろうとする投手もいる。

コントロールがよく与四球は少ないのに与死球（デッドボール）では歴代ナンバーワン記録を持ち、そのスタイルからケンカ投法といわれたピッチャーなんかもそうだろう。

与四球が少ないのに与死球が際立って多いということは、故意による死球をたくさん投げているということだ。ケンカといえば男っぽく格好のいい響きがあるが、ただの卑怯でしかない。打者にボールをぶつければ、相手は恐怖心や苦手意識を植えつけられるだろう。件の投手はそのことを責められると、「ヘボバッターが出塁できるだけでも有難く思え」と開き直っていたらしい。

こんな弱者の戦法は勝負でも何でもない。死球というのは、相手に重大な怪我を負わせる可能性を持つ。それを武器にするというのは、勝負師としてはまったくもって失格だ。こんなプレイヤーが二〇〇勝を上げて、名球会に入っているというのだから、まったく恐れ入る。名球会でなく迷球会でもつくって会長におさまったほうがふさわしい。この男は現役引退後、監督をやったが、そのベンチから飛んでくる野次は稀に見るほど汚かったという。さもありなんである。

本当に強い勝負師であれば、正攻法から大きく外れた汚い手は使わない。ルールの際どいところで相手を欺いたり、傷つけたりする汚い手を使うのは、弱いからである。もし、弱ければ、弱いなりに卑怯な手段は一切使わず、そこで精一杯工夫をして戦うべきだ。その姿勢を貫けば、本物の強さに近づける。

汚い手を使って勝負に勝っても、人生の勝負にはそこで負けているということは自覚すべきである。

癖は何を語るか？

人間は誰しも癖を持っている。顔に手をやる。頭を傾ける。髪の毛をいじる。肩を揺する。腕をせわしなく動かす。しょっちゅう舌打ちする。貧乏ゆすりをする……。実にいろいろあるが、癖は基本的にいいものではない。

こうした体の無意識な動きや揺れは、なぜ起きるのか。理由は一つではないが、基本的には心の中で「まずいな」と感じるものが多いときほど、こうした動きは起きやすい。

親子関係をはじめ人間関係でまずいこと。仕事でまずいこと、金銭的にまずいことなど、生きていればまずいなと感じることはいくらでも起こる。この「まずいな」と思う気持ちが無意識の動作となって表れるのだ。人の癖に接して違和感を覚えたりするのも、相手の「まずい」という心理がどことなく伝わってくるからだろう。

考えてみれば、生まれたての赤ん坊には癖はない。言葉を身につけ、考えることを覚え、行動の幅が広がり、そうやって大きくなるにつれていろんな癖を身につけるようになる。言葉を使って考えることは、人に不自然な歪みやねじれをもたらす。それが癖になるのだ。

現代人には癖が多い。それは何よりも複雑な社会、そして人工的な環境の中で生きているからだろう。つまり、いまの社会は、いろいろな角度から四六時中圧力が加わるところだ。圧が加わると「まずいな」となって体が変な動きをつくる。そうすることでプレッシャーを逃そうとするのである。

世の中には美味いものもあれば、まずいものもある。癖が強い人は美味しいものばかり狙っているからなおさらそうなるのかもしれない。

そもそも、まずいものが多いのがこの世である。美味いものを味わっても、同時にまずいものも味わわなくてはいけない。そのくらいにまずいものが多いと思っておいたほうがいい。

ただ、まずいといってペッと吐き出すのではなく、それなりにちゃんと味わってみるのも大事だ。そんな姿勢でいると、体の不必要な動きは次第に減っていくはずである。

うまく手を抜け

「手を抜く」という言葉は、サボるとか怠慢だとか、たいてい悪い意味合いで使われる。だが、私は手を抜くことは、ある面においていいことだと思っている。

手を抜くことがよくないと思われているのは、値打ちがあるとされるものを「つかむ」ことがよしとされる価値観の裏返しだろう。

人は何かを欲したり、目標に向かおうとするとき、その目的となるものをつかみにいこうとする。つかみにいこうとしなければ、欲しいものも夢も何も得ることができない。みなそう思っている。

だが、ものごとは「つかもう」と意識するほど、力が入ってうまくいかないものだ。力をいかに抜くか、うまく抜いたほうが「事」はうまくいくのだ。

仕事でも、できる人ほど手の抜き方がうまい。それはサボっているのとは違う。手慣れた仕事であれば、力を入れてがんばろうとしなくてもできてしまう。あるいは、内容によっては、軽い力で流すようにできてしまうということもある。

その様は、周りから見ればあまり一生懸命やっていないように見えるかもしれない。だが、結果や出来上がったものを見れば、ちゃんとやっていることがわかる。手を抜いたかのように見えるのに、早く、かつ正確な仕事になっている。

反対に仕事ができない人ほど、力がいつも入って加減ができない。力が抜けないのだ。手が抜けるというのは、習熟していて、上手な加減ができるということである。

麻雀でも、できる打ち手ほど力みがない。つまり、手の抜き加減が上手だ。牌を見つめる目に力が入り、必死の形相で打っている人ほど簡単に負けてしまう。手抜きを一切しない打ち手は、上手な手抜き麻雀にコロッといかされてしまうのである。

第5章

自分の器をつくれるか

桜井（以下桜）「生きることって闘うことだよな」
宇佐美（以下宇）「なるほど…そうですね」
桜「お前、いま何と闘ってる？」
宇「えっ…酒に飲まれないように、酒と闘ってます（笑）」
桜「お前は気楽でいいねぇ」
宇「会長は？」
桜「いや、それが最近はそういう気持ちにならないんだよ」
宇「会長はまだまだ勝負すれば勝てると思いますけど…」
桜「当たり前じゃねぇか。ただ、昔のようにパッとそういう気持ちが出てこない。もういいやっていう気持ちになる」
宇「会長らしくないですね」
桜「うん。まぁ最近はいつ死んでもいいやと思っているからというのもあるのかもしれないけど、面倒くせぇが先に出るな」
宇「会長、海や温泉など自然と触れ合えば、また会長の心身に自然からのエネルギーが流れ込むんじゃないですか」

桜「最近は、その温泉や海に行くことさえもひと苦労なんだよ。数年前に伊豆の海へ行ったときに、夕方の強めの風に煽られた波で吹っ飛ばされて、危なかったときがあっただろ」

宇「シャボ（道場生）が助けに来てくれたときですか」

桜「そうそう。いつもなら俺は『誰も助けに来てくれるなよ』と思っていたし、その前の年に実際に遭った海でのトラブル（桜井会長が大波にさらわれて大小複数の岩の下敷きになった）では何とか自分で岩の下から抜け出せた。でも数年前のとき、俺は『シャボ、来てくれないかな』と思っちゃったんだよ」

宇「その前の年のトラブルで普通の人は死んでますけどね（笑）」

桜「そうだね。でも、いつもの俺からすればかわいい奴を危ない目には遭わせたくないはずなのに、そのときはそう思っちゃったんだよな」

宇「シャボは会長が波に持っていかれたのを見た瞬間に、体が勝手に動いていたといってましたね」

桜「だから、俺が思っちゃったからあいつに伝わっちゃったんだよ。俺らは普段から心のつながりが強いじゃん」

宇「シャボは会長がホワイトアウトの中の大きな岩の陰でずっと自分を抱きしめて守ってくれて、海から上がったあとも自分（シャボ）を一番先に心配してくれたことや、そういう経験を会長とできたこと自体が宝物だといってました」

桜「有難いよね、そう思ってくれることが。

ただ、そうやって助けてもらうことが日常生活でも増えてるから、彼らには申し訳ないなと思うね」

宇「でも、そういう瞬間にこそ彼らが会長の『生き様』を感じるんじゃないんですか」

桜「うん。そうあってくれたらうれしいけどね……」

宇「そもそも…『生き様』って何なんですかね？」

桜「人間は誰でも恐怖や不安を持ってる。俺もね。しかも、その恐怖や不安はなくなることはないでしょ」
宇「小さな恐怖や不安が、どんどん大きくなることもよくあります」
桜「そうだね。それは人間が本質的に持つ『育てたい』という願望なんだろう。恐怖や不安というマイナスなものを育ててしまえば、いずれ壊れる。その前に、凌《しの》がないといけない」
宇「たいてい無意識に大きくしていますから（笑）」
桜「生き物共通のマイナスの感情は恐怖と不安。恐怖を凌げれば不安はなくなるだろ」
宇「その恐怖で抑えつけているのがかつてのヒトラー、いまの北朝鮮やプーチンがやっている独裁政治ですね」
桜「そう。社会の進歩自体が恐怖と不安をなくすためのものでもあるんだ。宗教や健康食品、爆弾や核兵器に至るまですべて恐怖と不安をなくそうとしたがためにつくられたものだよ」
宇「なるほど。その恐怖や不安をどう凌いでいくかということがその人の『生き様』だと」

桜「そういうこと。凌ぐには『勇気』もいるし、自然から学ぶべき『知恵』も必要だ。人それぞれが自分の持っているものを出して、凌いでいく姿が『生き様』だな」

宇「う〜ん……」

桜「だからいまさら、自分の生き様を考えても遅いって（笑）」

宇「そうですね（笑）」

桜「まあ、でも悪くないんじゃないですか。自分で納得していればいいですよ」

宇「会長は？　自分の…」

「会長──!!」

桜「あれ？　担当編集のT子が呼んでるぞ、何だ？　原稿か？　俺も八〇だっていうのによ……」

──立ち上がる二人。歩き出した二人の先に看板が……

桜「あれ？　何よこれ……」
宇「『三途の川』って書いてあります（笑）。こんなに川幅広いんですね。海じゃなくて川だったみたいです（笑）」
桜「そうか、やっぱりな。面倒くせえから渡っちゃうか!?」

「会長――!!!!!!」

桜「ったく、うるせーな。いまいくよー」
宇「会長、あとでゆっくり（笑）」
桜「お前も来る？」
宇「いや、自分はもう少しあとで……（笑）」
桜「何いってやがる、お前もすぐだよ（笑）」
宇「はい、ついて行きます。ところで、会長はご自分の生き様を…」

自分の生き様が気に入るか？

いくらがんばっても、努力しても、自分が求めている答えにたどり着けないことがある。

そういうときは、自分がしている「事」ではなく、「時」を意識するといい。「時」を待てば、「事」が変わることがあるし、解決の糸口が見えることもある。「事」にとらわれ、「事」を突きつめすぎると、窮地に自らを追い込み、思いつめた状況に陥りかねない。

日々の人間の営みは、寄せては返す波のようなものだ。寄せて返す波に、消えるものもあれば、残るものもある。寄せる波、消える波、どちらか一方だけの波はない。

人生には、「事」を寄せてくる波もあれば、「事」を流す波もある。それが延々と繰り返されるのが人生だ。いろいろな問題が起こっても、所詮は「事」の一つにすぎない、そう思っておくといい。

答えのない「事」が仮に連なっても、それよりは「どういう生き方をしているか」のほうが大事だ。

生き様がよければ、浜辺に打ち上げられた辛い「事」でも、「時」の力にも助けられて自然と流れ去っていく。自分の生き様に納得し、気に入っていれば、それで十分なのだ。

「素」の状態に戻れる人は、悩みが重くならない

悩みは自分一人で抱えていると深みにはまってしまうことがある。できれば悩みを話せる相手がいれば、心は少しでも救われる。そんな相手が身近にいるのといないのとでは、大きな違いだ。

ネットという虚の空間では地球の真反対にいる人とでも簡単にコミュニケーションが取れる。人と人との距離が驚くほど近い。しかし、その反作用で人と人とが面

と向かい合って気持ちのやりとりをする機会はどんどん減っている。

現実において人と人との距離が離れていけば、人とのつき合い方は当然下手になるし、ちゃんとした人間関係も結べなくなっていくだろう。人とうまくつき合えなければ、相手に自分の本音を語るなんてこともなかなかできない。

ネットならいくらでも本音を話せるかもしれない。しかし、姿も顔も見えない相手に本音をぶつけても、心に響くような手応えを感じることは少ないだろう。


人間関係が苦手な人は、まず人と触れ合うことの楽しさを優先するといい。

一緒にやって楽しいと思えることをする。そのためには実際に自分で行動を起こして楽しさをつくっていくことが必要だ。それともう一つ大事なことは、素直になること。大人は子どもに対してはよく「素直になりなさい」というが、当の大人は素直な状態から離れている人間のほうが多い。


素直とは、自分の「素」の状態に戻ることだ。

素の状態になれば、心に抱えている本音を自然と表に出すことができるし、そうすることで悩みを抱えて必要以上に重たくなることもないだろう。

素直にはさらにその先がある。自分が本当に「素」になれば、相手のことを先入観や固定観念でもって判断をすることなく、虚心坦懐《きょしたんかい》に見つめることができる。すなわち、固定観念や価値観を外して相手を純粋にとらえ、悪いものも含めて受け止めることができるのである。真の素直は相手をより深く理解する手掛かりになるのだ。この部分は素直ということにおいて非常に大事なことなのだが、意外なほど見落とされている。

「素」になって直に人と触れ合う。とてもシンプルなことだが、案外とむずかしい。だが、そんな時間を日頃からできるだけ多く持つようにすることが、結果的に人生をよりよい方へ導くことは間違いないのである。

ダメならそれを隠さず、素直にいたい

私はどうやら数十万人に一人という難病にかかっているらしい。「らしい」というのは、取り立てて症状もないし、医者がそういっているだけなので、私には病気なのか、何なのかよくわからないからだ。

医者自身も病名をつけておきながら、「あなたは病気でない、自分の体をコントロールできているから。こんな人は他に見たことがない」という。こんなことをいわれたら、ふつうは混乱するだろう。

たしかに私は心身のどこかに違和感があれば、無意識のうちに感覚を使って調整するようなことをいつもしている。

そうはいっても、若い頃に無茶なことをやってきた歪みや老化現象などによって、調整できないものもいろいろと出てきている。

年をとって機能が衰え、不自由になったことはたくさんあるが、ダメならダメで

全然いい。アンチエイジングとかいって、年に抗って必死に健康法を試すなんてことは死んでもやりたくない。

体がダメになってできなくなったことは、道場生にも隠すことなく、素直に話す。体も心も自然（素直）でいられないことが一番嫌だなと思う。できなくなるものに対して寂しいとか、むなしいとか、侘しいなんて思う必要はない。

これからもっとできなくなるものは増えていくことだろう。違和感があってもそれを調整することは、ますますできなくなってくるだろう。でも、いままでできてきたのだからいい。そのことに感謝しているだけで、もう十分である。

自分を「盛る」な

自分を実際以上によく見せることに対して、「盛る」というくだけた表現を最近の人はするようだ。ネットの世界ではそれが当たり前になっていると聞く。SNS

などで自分のことを語るとき、文章で誇張するだけでなく、写真や動画に小細工をしてよりよく自分をアピールすることが当たり前のように行われているらしい。

実際の本人をネットの世界では誰も知らない。だから、不特定多数に向けて多少盛ってもわからないし、よく見せればいい評価もたくさんもらえる。そんな気持ちから「盛る」ことに精を出すのだろう。

そこには遊びの要素もあって楽しいのかもしれない。だが、「盛る」感覚が日常的になってしまえば、ちょっと怖いところもある。


自分をいつも盛って人に見せていると、実際の姿が自分でもわからなくなってくるかもしれない。盛り続けていれば、それは偽りの人生だ。

「等身大の自分」を見せてこそ、相手との信頼関係が生まれ、成長もできるのに、盛るのがふつうになれば、その機会を失ってしまう。

「盛る」心理の底にあるのは、自信のなさだ。自信がないから背伸びをして格好をつける。大事なのは、そんな飾りをとって、ありのままの自分をどれだけ素直にさ

hey
there

らけ出せるかだ。

人は自分の未熟さを自覚することで成長していくのだから、盛ってばかりいる上げ底人生はほどほどにしたほうがいいだろう。

裏のない人間はいない

「あの人には裏がある」。そういうと悪口になる。だが、裏のない人などこの世にはいない。裏のない人がいいという考え方は、建物の図面でいえば平面図のようなものだ。立体図や透視図を見れば、表だけでなく他のいろいろな面があることは一目瞭然だが、人間だけは表の面だけで互いを見るのが理想のようである。

冬になると、広葉樹の樹々から枯れた葉が舞い落ちてくる。その風情が私は好きだ。ひらひらと回りながら落ちてくる葉には、表だけの葉も裏だけの葉もない。表だけの葉があるとすればそれは二次元の世界だけだ。

人も葉っぱと同じで、表だけで生きようとする人がいるならばそれは奇妙なことだ。表も裏もあって人間は存在している。

「人間は裏があってはいけない」。そんなことをいう人でも、表だけで生きているわけではない。よく見れば裏にいろいろなものを抱えていたりする。

雀鬼会の道場では、私は表も裏もすべて見せている。こんなバカなことをやってしまったよ、などといって道場生から笑われたりするのだ。

普段は表ばかり見せている道場生も麻雀を打つと、そこに裏が透けて見えたりもする。すると、「お前こんな裏があるんだな」といったニュアンスで冷やかす。「今日は重たいものを抱えていそうだな、白状しちゃえ」とかいってそそのかしたりもする。

そうやって互いに表と裏を見せ合うと、葉っぱのようにみなでくるくる回るような関係が生まれてくる。それが実におもしろいのである。

背骨で語れ

男は骨が大事である。そういうと、「男は、女は、」というい方は、この時代、不自由だという指摘をしてくる御仁もいるだろう。

だが、やはり男には男らしさ、女には女らしさ、といったものが生き物として紛れもなくある。これは生き物としての成り立ちからしてそうで、本能に組み込まれたものといってもいい。

もちろん、LGBTといった人たちもいる。彼らは彼らで、自分たちが望む生き方を誰からも邪魔されず、ちゃんとできればいいと思う。だが、LGBTの人たちの立場、あるいは女性差別の観点から、男と女という分類を、仕事をはじめさまざまなジャンルの中でするのはやめるべきだという考えは極端に傾きがちでどうだろうか。差別と区別はちゃんと分けて考えるべきだ。

時代の振り子はときとして大きく振れすぎるときがある。いまはその過渡期なのかもしれない。

話が少しそれた。骨の話に戻ろう。私は男には骨が必要だと思うが、骨があるなと感じる者はいまどきほとんどいない。「あの人は気骨がある」などという誉め言葉なんか、何十年も聞いたことがないような気がする。

骨っぽさがある男は、真っすぐな清々しい生命力を感じさせる。その点、女性は骨ではない。

女性にもさっぱりと筋が通ったような気性の人はいるが、どちらかというと、ゆったり循環した流れと柔らかさを感じさせるのが女らしさだ。女性はやはり生命を身ごもり、産み、育むという宿命を持っているからだろう。

男っぽさは、背骨に表れる。だから、表より裏のほうが男の真実を物語る。表ではあんなことをいっているけど、背中を見ると本当は違うんだろうなということがよくわかるのだ。

たとえば、取材に見えた男性がにこやかに「じゃあ、失礼します」といって帰っていった後ろ姿が妙によそよそしかったりすると、お上手いって適当なごまかしをいっていたんだとわかったりする。

腹は黒いと自分でも見えるからごまかせるが、背中は一切ごまかしがきかないのである。

いい仕草は人間関係をなめらかにする

最近は人通りの多い街を歩いていると、いわゆる歩きスマホをしている人がとても多い。スマホの画面に目を落としながら真っ直ぐこちらに向かってくると、このままだとぶつかるよ？と思うが、ギリギリのところでさっと身をかわしていく。画面を見ながらもある程度は周囲の雰囲気を把握しているらしい。それでも少しは体に触れたりする。繁華街などであれば、かなりの数の人とすれ違うわけだから、まともにぶつかる事態もそれなりの頻度できっと起きているはずだ。

知人の女性は、新宿駅構内で歩きスマホをしていた中年の男性サラリーマンにぶつかられ、謝ってくるかと思ったら逆に「チッ」と舌打ちし睨まれたという。

ぶつかれば相手を怪我させたり、それこそケンカになりかねない。歩きスマホをしているほうも、ぶつけた相手が質の悪い奴なら、たいして怪我もないのに治療費や慰謝料を請求される可能性だってある。昔のヤクザ風情はわざと肩をぶつけて「この野郎！」と因縁をふっかけたりしたが、いまの時代、歩きスマホで起こるトラブルのほうが始末は悪いかもしれない。

そんな面倒を起こす可能性はいくらでもあるのに、そこまでしてスマホを見なければいけない理由が私には理解できない。もはや片時もスマホなしでは生きていけない中毒の域なのだろう。

「公」の空間と「私」の空間は違う。そんな当たり前のことが歩きスマホの連中にはわからない。歩きスマホの連中だけでなく、公共空間で「私」の空間にいるかのように振る舞う人間はここ一〇年、二〇年で非常に増えたように感じる。

電車の中でバッグから鏡を取り出して化粧をはじめる女性、混んでいるにもかかわらず座席を荷物で占領して平然としているビジネスマン、イヤホンからシャカシャカ漏れるほどでかい音量で音楽を聴く若者、いずれも公共空間にいるのに自分一人だけがいるかのような意識なのだろう。

「私」がひどく肥大化してしまった時代にあっては、「私」以外の人間は畑の案山子やモノと変わらない存在だ。だから、どう見られようと気にならないのだ。

人前にかかわらず勝手な「私」が好き勝手している様は、迷惑なだけでなく、そもそも美しくない。みんながいるところではそれなりの振る舞い、仕草というものが求められる。江戸っ子が身につけていたという江戸仕草のようなものは、この現代においても見習うべきものだと思う。

歩いていて肩と肩がぶつかりそうになると、さりげなく肩を引いて衝突を避ける「肩引き」、混んでいる渡し船に人が乗ってきたら、こぶし一つ分ほど腰を浮かせて横につめる「こぶし腰浮かせ」、断りなく相手を訪問したり、約束の時間に遅れて相手の時間を奪う「時泥棒」など、江戸仕草にまつわる言葉はいくつもある。

いずれも、当たり前といえば当たり前すぎる振る舞いだが、相手を思いやる心持ちからさっと出てくる様が江戸っ子にとっては粋だったのだろう。ここには、勝手な「私」の姿はどこにもない。「私」を引っ込めて、相手を思い、気遣う。そんな気持ちが自然と形になって表れる仕草を互いがし合う。スマホ中毒者が増え続け、「私」がどんどん大きくなっていく社会にあって、そんな光景を見る機会は残念ながらますます減っていくに違いない。

退歩のすすめ

たいがいの人は、社会も人生も前に進むことは文句なしにいいことだと考えている。ものごとが進むときは、必ずしも直線的に進むわけではない。二歩進んだら一歩下がり、五歩進んだら三歩下がりといった感じで、折れ線グラフにしたらアップダウンを繰り返しながら、基本、進んでいくものだ。

私はといえば、一生涯かけて前に進むどころか、後ろへどんどん下がっている気がする。前へ進むときもあるが、たいていは一歩進んだら二歩下がるといった按配の繰り返しだ。だから、結局はじぐざぐを繰り返しながらどんどん下がっている。退いて退いて、一〇〇年、二〇〇年前どころか、二〇〇〇年、三〇〇〇年前をも通り越し、いまでは狩猟民族時代の一万年くらい前に心だけはあるように感じる。

世間でいう前へ進むことの意味と意義は、能力を増すことであったり、出世したり、金を儲けたり、科学技術を進歩させたりすることだ。

私はそんな前進には、あまり関心がないし、そこに見出される思想や価値観が生み出すものにある程度恩恵は受けているものの、むしろ疑いを強く感じてしまう。

しかし、私と同じようなことを部分的にも感じはじめている人が、最近は増えてきているようだ。ただ、多くの人はどことなく、未来に行きづまりを感じ出しているものの、それでも希望の入り口は前へ進んでいったその先にあると信じている。

私はむしろ可能性の入り口は、過去にあると思っている。時間をずっと遥か前へ遡ったところに、その入り口はある。少なくともそう信じて、今日もまた一歩進んでは二歩下がっている。

忘れてはいけないもの

年をとると当然ながら、物忘れがひどくなる。固有名詞なんかが出てこないのは日常茶飯事だが、忘れることで不便を来たすということはまだない。

忘れるということは決してマイナスだけではないだろう。生きていれば、心に引っかかるような違和感や怒りのような感情はしょっちゅうあるものだが、時間が経てばそんなものはすぐ忘れてしまう。

どうでもいいような些細なことにいちいちとらわれていては、いまを生きることができなくなる。

忘れたほうがいいことはたくさんある。脳がそれらを勝手に忘れてくれるのはある意味有難いことだ。

ただ思うのは、年をとれば記憶力が衰えるといっても、そもそも人は若かろうと非常に忘れやすい生き物ではないかということだ。

二〇代、三〇代の人でも、昨日の昼間に何を食べたか、スマホでどんな動画サイトを見たかと聞かれて、即答できる人はそういないだろう。昨日の出来事はまあ思い出せても、二、三日前となると思い出せないもののほうが圧倒的に多くなるのではないか。

つまり、毎日、毎日、人は経験したり、学んだりしたことのほとんどを忘れながら生きている。人は覚えることより、忘れることのほうが断然多い生き物なのだ。

これは脳の容量が決まっていて、日々雑多な出来事をいちいち覚えていては脳がパンクしてしまうからなのか。大事なことを覚えるには、その裏で忘れる力が働いていないとダメなのかもしれない。そう考えると、「忘却力」は、いってみればむしろ生きていく燃料のようなものかもしれない。

このように人は忘れる生き物だが、忘れるべきでないことがある。それは人から何かをしてもらったことだ。

人と人の関係とは、与えたり、もらったりするやりとりでできている面がある。もちろん、「モノ」だけではない。それ以上に、「心」を与えたり、もらったりすることが、関係をつくる上では欠かせない。

もらったものの中には忘れていけない恩義もある。助けてもらった恩義を忘れては男が廃る。これだけは少なくとも、「忘却力」に流されてしまってはいけないものだ。

葬式も戒名もいらない

自分の先にある死を見つめて、残された家族に迷惑がかからないように、持ち物を整理し、遺言をまとめ、葬式の準備を前もってするという「終活」が流行っているそうだ。人によってはもう五〇すぎでする人もけっこういるらしい。

こういう人たちにとって「終活」は、人生における最後の一大イベントのようなものなのだろう。

「終活」などという言葉が生まれる以前でも、モノを整理したり、遺書をちゃんと書いたりする人はいた。しかし、昨今の終活のように手間暇かけて念入りにするような人はあまりいなかった。


私から見れば、「終活」というのは商売だ。銀行、保険屋、古着屋、リサイクル業者、葬儀屋、出版社、文具メーカー……、「終活」は有象無象いろいろな商売人が群がってつくり出したものだと思う。

「終活」といえば、誠実に人生を生きる人の務めのように聞こえるが、「終活」にいそしんでいる人はこうした商売人たちにうまく乗せられている部分がけっこうある。

私は自分が死んでからあとのことまで細かくいちいち気にするなんてことは必要ないと思っている。だから、基本的には死んだあとのことは生きている者にまかせておけばいいと考えている。

私は、モノはいろいろあるほうかもしれない。人からもらったものも多く、服なんかもかなりの量だ。Tシャツは千枚近くもある。でも、そんなものは私が亡くなれば、欲しい人や古着屋にまとめて持っていってくれればいいだけだ。簡単な遺言くらいは書くかもしれないが、葬式も戒名も墓も基本、いらない。残されたものが好きならやればいいと思う程度。

ただ、唯一無視できないものがある。雀鬼会の道場生たちとの関係だ。道場は私にとってはもっとも大切な生命線だ。麻雀に生かされた身としては、家人や子ども、孫たちよりも、一緒に雀鬼会をやってきた道場生なのだ。

だから自分自身の気持ちだけでいえば、葬式も戒名も墓もいらないが、彼らとの間で葬式や墓はあったほうがいいとなればそうするかもしれない。いま、道場では葬儀委員会をつくってその話し合いをしているところである。

好きな数字は「2」

好きな数字を聞かれたことがある。1～10の中で選ぶとすれば、私の場合は「2」だ。「4」は縁起が悪いと敬遠する日本人は多いが、変化の数でもあり、私にとってはとても縁の深い数字である。まず、麻雀。4人でやって。萬子・索子・筒子・字牌という4種類の牌を使い、東南西北という4つの周期で回すものである。自分に強い影響を与えてくれる自然は、「火・風・水・土」の四元素で表わされ、春夏秋冬の四季をもっている。私の誕生日は8月4日で、子どもは4人いる。勝負の世界から退き、雀鬼会を立ち上げたのは40代。そう見ていくと、4という数字は自分にいつもついて回っている。だから私にとって「4」は好ましい数字といえる。

知り合いの買い物好きの女性は、「9」は商品の値段で割安感を出すのによく使われる末尾の「9」を思い出すから好きです、といっていたが、私は「9」という数字はあとがない崖っぷちの苦しい感じがしてそういいとは感じない。ラッキー7の「7」が好きという人も多いが、私は「8」に循環する運を感じる。

私が「2」が好きなのは、自分を2番目に置きたいという気持ちが常にあるからだろう。以前、ある取材で「この世で2番目に大切なものは何ですか?」と聞かれたことがある。いい質問をしてくるなと思いながら、すかさず「俺だよ」と答えた。ふつうなら「1番大切なものは何ですか?」と聞いてくるところだ。取材者も予想外だったようで、「そんな答えをされたのははじめてです」といっていた。

自分を1番にもってくるのはどうも座りが悪い。1番にもってくるのは、道場生かもしれないし、助けを必要としている見ず知らずの人間かもしれない。いずれにせよ、自分が1番にくることはない。

誰かの真似をする二番煎じは嫌だが、常に2番に自分を置くという感覚が私の紛れもない生き様となっているのである。

快適と便利ばかりを求めない

この前の夏は異常な暑さだった。たいていの人はエアコンなしではとてもじゃないけど過ごせないと思ったはずだ。

ただ、あれ以上に暑く、湿度も高い地域が世界にはたくさんある。冷暖房の機械もない時代から、たくさんの人がそこで生活をしてきたのだ。私も含めてだが、あの暑さが我慢しがたいという感覚の中には、現代の快適な環境に慣れすぎていることも前提としてあるのを多少なりとも自覚しておくべきだ。

いまは暑い夏には冷房をきかせ、寒い冬には暖房をかけ、一年中、常に快適な環境を保って暮らすことができる。だが、そんな環境にいつも身を置いていると、季節感が乏しくなり、体が本来持っている調節機能がどんどん衰えていくに違いない。

本来であれば、暑いときは暑いなりに、寒いときは寒いなりに過ごすのが自然な生き方だ。あんまり暑かったり、寒かったりするのは問題だが、快適な環境に慣れすぎると、生き物として本能的に持っている力が弱くなっていくだろう。

「快適」と並んで現代人が熱心に追い求めているのが、「便利」だ。人間の歴史は、便利を追求する歴史といってもいいくらいだ。

科学が生まれてからは、便利の実現度は一気に加速した。周りを見渡せば、便利なものが溢れていて、ここまでの便利はもういらないよというものばかりな気がする。ときどき孫がスマホをいじってこんなことができるんだよと見せてくれたりするが、その都度、余計な便利をつくっているなと感じてしまう。

洗濯機や掃除機のような家電製品でも、便利な機能がたくさんついているが、結局その機能の多くは使われなかったりする。そしていま、便利さの追求の果てに、人間を超えていくのではといわれるＡＩまでつくり出した。だが、「便利」も快適と同じように、生き物としての幅を狭める面を避けがたく持っている。

たとえば、現代人と縄文人を同時に裸一つで自然の中に放り出したら、便利と快適の道具に頼りきっている現代人はたちどころに弱って死んでしまうだろうが、縄文人は何もないところから火をおこし、住居をつくり、食料を調達し、しっかりサバイバルしていくことだろう。そんな能力と感性、生命力を、われわれは快適と便利との引き換えに失っている。

あえて不便な生活をする。多少、不快な環境を遠ざけない。生物としての生きる実感を味わうには、そんな選択を少しはしていったほうがいいのかもしれない。

「引き際」とは「抜き際」である

著名なスポーツ選手などは、よく「引き際」が注目される。どういう引き際をするか、それによってプレイヤーとしての評価や価値が定まってくるところがあるからだ。引退を前にした選手はできればきれいな引き際をと思うだろうが、実際、そうするのはむずかしい。

引き際が大事なのは、何もスポーツ選手に限った話ではない。誰しもが人生においては大小さまざまな引き際を持っている。仕事、生活、人間関係……区切りをつくって新たな出発をしようとするとき、それまで関わってきたものに対する引き際が必ずある。

引き際を難しくさせるものがあるとすれば、それはずっと「押し引き」の「押し」でやってきたからだ。押すというのは、攻めて何かを得ることである。そうして得たもの、すなわち業績、地位、報酬、人間関係といったものを失うことが「引く」という行為に他ならない。

よく老害と批判される政治家や経営者が自ら引き際を決められないのは、『俺はまだまだ押せる力がある』と思っているからだし、同時に築きあげてきたものを失うのも恐いのだ。

私は「引き際」は「引く」のではなく、「抜く」のだと思っている。「抜き際」だ。「抜く」は力を入れないので自然な感じがあるが、「引く」には力を込めてバサッと断ち切るような無理がある。無理があれば、後悔や寂しさ、苦しさといったものをどこか引きずってしまう。

引く際において「抜く」ことにも、寂しさや未練といったものは薄っすらとあるかもしれないが、それ以上に「有難い」という気持ちが勝る。失ったものを、後ろ髪を引かれるように振り返るより、これまでできたことへの感謝が強くなるのである。

私の人生の中でもっとも大きな節目となったのは、勝負の世界から身を引いたときである。

勝負の世界にいた私と、そこから出たあとの私はまるで別人のように感じる。神経の張りつめた緊張感あふれる世界と雀鬼会をつくって三六年、若い連中と一緒にやってきた世界とでは、それぞれまったく別の人生があるのは当然といえば当然である。

代打ちから引退するときに一切未練はなかった。未練どころか、牌にまともに触れることもできなかった。引退を考えはじめてからは、牌にちょっと触れただけで指先がチリチリと電気が走るように痛むのだ。「勝負師としてもう牌には触れるな、これからは違う麻雀をしろ」。まるでそういわれているようだった。

勝負の世界から身を引いたとき、私には「引く」＝「失う」という感覚はなかった。「押し引き」の勝負をしてこなかったから「引く」ものが元よりなかったのだ。私の中では、引退はあくまで「抜き際」だったという感慨がある。

いい引き際をつくるのにどうすればいいか。自分の変化や環境の変化など、さまざまな変化をよく観察した上で、「引く」ではなく「抜く」感覚ですれば、「引き際」はいいタイミングで訪れるだろう。

ただ、得ることを求めて、「押し」をずっとやってきた人が、いざとなって「抜く」という自然な感覚をもつのは難しいかもしれない。

実は押しているときにも「抜く」という感覚を交えていないと、ここぞというときに「抜き際」はつくれない。ときたま鮮やかな「引き際」を見せる人は、間違いなく押しているときに「抜く」加減を上手にやってきたはずである。

世間は私のことを「二〇年間無敗の雀鬼」というキャッチフレーズをつけて持ち上げるが、私にとっては過去の実績を持ち出されるのは正直どこかみっともないなという気持ちもある。そこからはもう抜けているわけだから、いまさらというところがあるのだ。

高齢の私にとって、次の大きな引き際は死だろう。そう遠くない将来、最後の引き際がやってくる。そのときは生から柔らかく、音もなく抜けるように死んでいきたいものである。

あとがき

この「あとがき」は、通常の本のあとがきとは違う。小説などの場合は、著者と違う書き手が解説文として書いたりするが、多くの本の場合、あとがきはたとえるなら著者が食事の最後に締めとして出すお茶のような趣きがある。

ところが、これからはじまる「あとがき」は逆だ。短いとはいえ、私が本書でもっとも述べたい核心部分であり、メイン料理に匹敵する。雀鬼流実践哲学の本質にも関わってくる。だから、むしろこれまでの長い本文は前菜のようなものかもしれない。そんな存在意義をもったあとがきが、この世に一冊くらいあってもいいだろう。

そう思って読んでいただけたら幸いである。

この本の出発点は最初にも書いたように、私との浅からぬつながりをもった人たちとの関係性を一つの動機としてつくれないだろうかという思いからだっだ。ひらたくいえば、テーマはさておき、かけがえのない縁をいただいた人たちとのつながりから生まれる本というものを、もしかして最後になるかもしれない機会につくってみたかったのだ。

実はこのつながりは、もう一つの大きなつながりから生まれている。そのことを最後にお話ししたい。

私のみならず、人は誰しも「ふるさと」がある。ふるさとといっても、「ぼくの故郷は高知です」とか「佐賀です」とかといった類とは違う。いってみれば、「人はどこから来て、どこへ行くのか」というときの「どこ」にあたるものが「ふるさと」だ。「魂の原郷」といっていい。

人はみな自分たちがやって来た「ふるさと」をはっきり意識はできない。だが体のどこかで知っている。「ふるさと」は現実の中にありながら、同時にどこにもはっきりした全体像をもって存在はしていない。あるけれど、ないもの。だから具体的に「ここがふるさとだ」と指し示すことはできない。

私は最近、そんな「ふるさと」をよく感じる。ひどく近くにありながら、同時に果てしもなく遠くにある「ふるさと」。未知のようでどこかひどく懐かしい「ふるさと」。人生の最後が近づくにつれて私は「ふるさと」の見えない姿をふとしたおりに感じるようになった。

人はみなこの「ふるさと」からやって来る。そして「ふるさと」とのつながりは永遠に切れることはない。そのつながりの上に、現実世界における「人と人とのつながり」が生まれるのだ。

この「ふるさと」は「大きな私」といいかえてもいい。ふだん、我々は自分の意識や感情を「私」だと思っている。だが、それは錯覚だ。そんな「私」など極めて小さなものであり、「私」がやれることなど少ししかない。ふだん自分だと思っている「私」を「小さな私」とすると、それは「大きな私」によってこそ生かされているのだ。「小さな私」だけを自分だと思い込み、しがみついていると、いつまでも本当の自由を得ることはできない。

「大きな私」がたまたま「佐々木」とか「モハメッド」などと名付けられた「小さな私」を、一人ひとりこの世でやっていると思ったほうがいい。「小さな私」はみな見えない根っこでつながっているのだ。

では「大きな私」とは何だろうか？　それは水や土、風や樹といった自然であり、太陽や月といった天体を含む宇宙。そうしたものを含むすべてであり、そこを貫くはかりしれない秩序のようなものともいえる。

人は「大きな私」など忘れたかのようにして生きている。そのつながりを断ち切って、自分たちがつくる人工物の中で「自閉症」のようになって生きている。だから、「大きな私」なんて存在は知らないよと思っているが、「大きな私」と人とは見えないところで常にしっかりつながっているのだ。

産卵時期になると満月の夜を選んで産卵場所へ集団で移動して卵を産み落とすカニ。春と秋のきまった時期に数千キロに及ぶ大移動を行う渡り鳥。毎年大寒を過ぎたあたりから花を咲かせ始める梅……自然界の動植物はみな、自然や天体の法則に従って生命を育んでいる。地球上におけるすべての存在は「大きな私」によって生かされているのだ。そう気づかないだけで人間とて例外ではない。

あるとき、見るともなしに見ていたTVの科学番組で、見えない世界におけるあるつながりの例が紹介されていた。原子核の周りは電子が回っているが、たとえば対になっている電子が二つあってそれぞれが反対にスピンしているとする。ところが、片方の電子のスピンを操作によって逆向きに回転させると、その瞬間、離れているもう一方の電子も逆にスピンするのである。どんなに距離が離れていても一方の変化はもう片方に瞬時に伝わるのだ。つまり、このことは世界にあるすべては、目に見えないところで互いを前提にしてつながっているということである。「大きな私」というのは、何もファンタジーなどではなく、現実の世界の話なのだ。

人は「大きな私」によって、一人ひとりの「小さな私」が生かされていることを忘れてはならない。「大きな私」と「小さな私」、その絶えることのない無窮のつながりを感じていれば、人はもっと寛容で賢くなれるはずだ。分断や憎しみなど生まずにもっといい世界が築けるはずだ。自然と共生する意識が芽生え、環境問題の解決を少しでも前進させることができるはずだ。

本書では「建前だらけの社会をどうやって自分らしく生きていけばいいか」「生きづらさをどう軽くできるか」といったことを問うているが、自分の中に「大きな私」のスペースを置けば、社会がつきつけてくるさまざまな問題にもうまく対処していけるだろうし、もっと楽な心持ちで生きていくことができるだろう。

繰り返しになるが、「小さな私」がやれることなどわずかしかない。

私は「二〇年間無敗の雀鬼」というキャッチフレーズをつけられて語られることが多いが、正直面はゆい気持ちになる。しょせん麻雀のような小さな世界でのできごとと思っているからだ。だから負けたことが一度もないとか、奇跡のような勝負をしたとか、約三三万分の一の確率で起こる奇跡の役満、天和（※親の配牌の時点でアガっていること）をやったとか、雀鬼にまつわる伝説はどれもこれもたいしたことではないと感じている。さらにいえば、実は「俺」が勝ったわけでもなく、「俺」が奇跡の勝負を生んだわけではない。それゆえになおさら件のキャッチフレーズを面はゆく感じるのである。

なぜ、ずっと負けることがなかったのか。

なぜ人が奇跡と呼ぶ勝負ができたのか。

それは、「俺」ではなく、「大きな私」がそうさせたにすぎない。真剣勝負のとき、私は「俺」を消す。すると「大きな私」が「俺」を動かし、常識でははかれないような勝ち方を導いてくれるのだ。私が「大きな私」とのつながりをいつも感じていなければ、雀鬼と呼ばれる男は間違いなくこの世に存在しなかっただろう。

本章でも書いたが、格闘技の経験のない私が、倍ほどの体重を持ったプロの格闘家を一瞬で押さえ込んだりできるのも、「俺」をなくすからだ。相手を倒そうとか、押さえ込もうという意識を少しでももっている限り、「俺」はなくならない。ああしてやろう、こうしてやろうという目的意識をもった「小さな私」のままでいれば、私が格闘家を押し倒すことなどできない。「俺」を消すと、それまで入っていた力がすっと抜ける。力が完全な状態で抜けると、「大きな私」と「小さな私」の間にある閉じていた回路が瞬時に開かれ、「大きな私」が一〇〇キロを超す鋼鉄のような体を吹き飛ばしてしまうのだ。

これまでいくつかの著作の中で、私は「力を抜く」ことの本当の意味を繰り返し話してきたが、「力を抜く」とは、「小さな私」を消すことで、「大きな私」との際限のないつながりを瞬間にして回復させることなのである。

道場で深夜遅くまで二、三時間もの間、道場生を相手に相撲で何十回、何百回と押し倒したり、ときには手も触れることもなく吹っ飛ばしたりしてしまうのも、この「大きな私」がなせるわざである。

私がいいたいのは、「小さな私」だけを自分だと思うなということだ。「小さな私」だけにとらわれるなということだ。

生きるということは、次から次へと起こり続ける変化に出くわし、それに反応し、何らかの対処をすることである。そのときどきに生じる感情や意識を我々はつい「私」だと思ってしまうのだが、そうではない。この「私」は、「無際限の私」のごく小さな断面にすぎないことを忘れないでほしい。自分を自由にし、真に豊かにするものは、「大きな私」とのつながりであることを覚えておいてほしい。

「大きな私」とのつながりから、本書のきっかけとなった私個人の身近な人とのつながりに再び話を戻そう。「大きな私」と「小さな私」のつながりを無限の縦軸とすれば、私をとりまく人と人とのつながりは横軸である。

その横軸の中でかけがえのないつながりとなったのが、雀鬼会のメンバーたちであり、本文で何度も登場する宇佐美和徳君（ふだんは「宇佐美」）であり、また、竹書房の『近代麻雀ゴールド』のときから『近代麻雀』の連載まで二八年担当してくれた須田とも子さん（ふだん「とも子」と呼んでいる）である。

宇佐美の紹介は割愛するが、彼はまぎれもなく俺の「兄弟分」（盃を交わしたわけではないが）である。繰り返しになるかもしれないが、公私共に俺が信用・信頼している男は宇佐美以上にはいない。どんなに時間や距離が離れていても、いつでも心のつながりをしかと感じている。宇佐美はこの四〇年いつだって、俺のいったことに対して言い訳や弁解、事情すらも話さず、ただ「はい」とだけ答えて行動する男だった。もちろん無茶な筋の通らないことを俺はいわない。それをわかっているからこそ、社会的には厳しい難しいことでもそれを二つ返事で受け、俺に対して真っ直ぐに応えてくれたのだろう。それだけ俺のことも信用・信頼してくれていたのだと思っている。仕事の都合上そうしていただけでは？と考える人もいるだろう。だが、そこには決して仕事上だけでつき合い、行動できることではない、「男気」と「心」を俺はしかと感じているのである。

とも子は二〇年以上もの間、毎回欠かさず私の手書き原稿をとりにきてくれ、それを丁寧に整理してくれた。彼女はかつて私の弟子と結ばれたが、残念なことに彼は病気で早世してしまった。シングルマザーとしての苦労はたいへんなものがあると思うが、そんなとも子とのつながりも私にとっては非常に大事なものである。彼女にとってもまた、俺は仕事上のつき合いだけではなく、彼女を自分以上に理解し、悩みや困り事があれば駆け込める父親のような存在だという。だが、そんな俺もまた彼女に辛いことや悲しいことがあれば全部吐き出して俺のもとに置いていき、楽しいことを俺からもっていけばよいと思っていた。『近代麻雀ゴールド』の時分から、俺と宇佐美との信頼関係を感じ、そのつながりを大切にしようと「心」をもって、俺と宇佐美の蝶番《ちょうつがい》としていつも現場にいてくれた。そんな彼女と一緒に今回あらためて本をつくれたことは嬉しい限りである。

本書とかかわるもう一人のつながりが編集者の高木真明君である。ふだんは高木と呼んでいるのでここでも高木と呼ばせてもらうが、彼には本に関して随分世話になった。もう何十冊と編集や構成をしてもらったが、これだけの冊数を担当した著者は彼にとって他にはいないという。人間性はまるで似ていないが、それだけ相性がよかったのだろう。高木からは詳しく聞いていないが、私が立っている場所が彼のもともとのテーマに深く響いていたらしい。

高木はこんなことをいっていた。多くの著者は一期一会で終わるが、そんなことを考えると、本をつくっているときはその人の考えや人となりがちょっとわかったような気になっているが、ただ自分はその人たちの前を通り過ぎていっただけではないかと。しかし、俺とのつき合いは気がついたら二〇年を超え、こちらの言葉がいつしか彼の体に入って意図しないところで昔とは違う行動をしているときがあるなと感じたりするらしい。そんなことを聞くと、著者冥利に尽きる思いがする。

高木の取材はおもしろかった。高木は「えっ！ そんなボールを投げてくるの？」という質問をとんでもない角度から淡々と幾度も幾度も投げてくるのだ。私もストレートにボールを返したりしない。

質問の趣旨とは違う話をし始めるので高木はよく『あれ？ 桜井会長はこっちの質問を忘れているのかな……』と思っていたらしい。私はキャッチャーミットに向かって投げるべきボールをこともあろうに外野スタンドめがけて投げるのだ。えっ？ と思いながら高木の目は戸惑い気味にボールを追うが、ボールはホームベースとは真反対の方向へどんどん飛んでいく。そんなことは構わず、俺は話を続ける。そのうち高木の目はボールを追えなくなってしまう。ところが、ボールは極大のカーブを描いて、二〇分、三〇分と長い時間をかけ最後には高木の構えるミットのなかに必ずストンとおさまるのである。

高木が投げて来るボールは変化する球種がやたら多いから、こちらもそんな遊びができたのだ。高木の取材では、そんなやりとりをしょっちゅうしていた。楽しんで高木の際どいボールと対戦し続けたから、俺もいろんな種類のヒットが打てたんだとおもう。

高木からあるとき、「会長は取材も勝負のような感覚でとらえているように感じます」といわれたことがあった。本の取材など勝負とは思わないが、勝負師が習い性になっている俺の中では無意識のうちにそんな感覚はあったのかもしれない。

「なんでそう感じるんだ?」と聞いたら、「取材はいつも終電間際まで五時間くらいの長時間になるから会長は疲れているはずです。なのにそろそろ終わりにするか?とこれまで一度たりともいわれたことがないからですよ」という。実際、俺は取材時間が長かろうが疲れをそう感じない。むしろ、高木ら取材陣のほうが疲れてもうそろそろという感じのことが多かった。そんなときは早めに取材を切り上げて、みんなで町中華や寿司を食べに行ったりもした。みんなが楽しければいい、おもしろければいい、そんなことをいつも思っていたので、取材はこうでなくちゃなどというものが自分にはまったくなかったのだ。

ふつうは長めのインタビューになったりすると、著者のほうからもうそろそろという雰囲気になってくるらしい。たいていは二時間くらいがリミットで、俺みたいにいつも五時間くらいかけるのは異例であり、最長記録だという。そんな最長記録の取材を俺はいつも取材でしていたわけだ。

「でも疲れはないにしても興が乗らない取材もあるんじゃないですか？」と高木は聞いてくる。いろんなところの版元の編集者やライターがたくさん来るから、おもしろくない取材もたしかにある。そんなときでも、俺からそろそろやめるかとは絶対にいわない。

おもしろくないときは、取材陣を相手に体の感覚を使った相撲などの遊びをしたりするのだ。言葉ではなく、体のレベルで感覚の気づきの体験をした彼らは狐につつまれたような顔をしたりして帰っていく。結局、取材も勝負というよりは、遊びの感覚でこなしていた部分が大きかったのだろう。

完全な人間などこの世に一人としていないが、私もまた煩悩はそれなりに持っているし、人として至らない部分はいろいろとある。私と接する人は何かにつけ何をやっても「すごい」とか「真似できない」とか、いってくれたりするが、髙木はその点、私のことをどこか等身大で見ていてくれた気がする。だからこそ、あれだけ私の本をつくれたのだろうし、そんなふうにとらえてくれることはある意味有難いことだった。


宇佐美、とも子、髙木、この三人に対しては「有難う」という言葉しかない。

またこの三人との縁をとりもち、本の企画を引き受けてくれたユサブルの松本卓也社長にも御礼を申し上げたい。

この三人と私のつながりに上も下も縦も横もない。四人は東南西北の円をなしてくるくる回っている。四人の円のつながりは、いうまでもなく、「大きな私」という無限の広がりをもつ円の上に奇跡のように生じたものだ。その「奇跡」に尽きせぬ感謝を捧げたい。

桜井章一

二〇年間無敗の雀鬼 老いてもなお吼える
建前だらけの社会でどう生きるか

2024年4月23日　初版第一刷発行

著者◉桜井章一

編　集◉須田とも子
発行人◉松本卓也
発行所◉株式会社ユサブル
〒103-0014 東京都中央区日本橋蛎殻町2-13-5　美濃友ビル3F
電話：03（3527）3669
ユサブルホームページ：http://yusabul.com/
印刷所◉株式会社光邦

ISBN978-4-909249-58-6
定価はカバーに表示してあります。
落丁・乱丁はお手数ですが、当社までお問合せください。

ブックデザイン◉星野ゆきお（VOLARE inc.）
ＤＴＰ◉有限会社タダ工房
写　真◉北村泰弘／中村龍生／牌の音
編集協力◉高木真明
取材協力◉牌の音
友情出演◉宇佐美和徳